백제인 금강조 일본 건축을 쓰다

천년경영

"이 책은 필자가 1994년부터
2017년까지 23년간 금강초롱
60여 회 방문하면서 지켜본
관찰기록입니다."

백제인 금강조
일본 건축을 쓰다

천년경영

홍하상 지음

HERMONHOUSE

서문

오랜만에 지난날의 노트를 꺼내본다.

표지에는 〈일본 출장 금강조〉, 20년 전의 낡은 노트이다.

첫 장을 넘겼다.

첫 줄은 "12월 31일 낮 12시 55분 대한항공 김포발, 14시 35분 오사카 간사이 공항에 도착. 천왕사구의 긴테츠 호텔 커피숍에서 총무과장 요시카와(61) 씨를 만나 금강조 취재 건을 말했다. 그는 4년 만에 만났으나 내 얼굴을 기억하고 있었다. 아마도 책을 보내주었기 때문일 것이다. 그에게 문배주 한 병을 선물했다. 같이 맥주 2잔씩을 마시고 헤어졌다."라고 쓰여 있다.

오래된 노트를 펼친 것은 금강조라는 세계에서 가장 오래된 회사, 서기 578년에 백제인 류중광이 창업한 회사의 39대 사장인 금강리융 사장님이 작고했다는 소식을 들었기 때문이다.

금강리융 사장님의 얼굴을 마지막으로 뵌 건 2013년 3월경이었다. 오사카의 일을 보러 갔다가 금강조 본사에 들러 국산 문배주 한 병을 드리러 갔었다. 사장님이 출타 중이어서 수위에게 사장님께 전해 달라고 문배주 한 병을 맡기고 왔다.

금강리융 사장님은 문배주를 좋아하셨다.

몇 년 전 금강조 본사 5층에 있는 사장님 사택에 올라간 일이 있었는데 안방의 서랍장 위에 빈 문배주 병이 올려져 있는 것을 보고, 뭐하러 저 술병을 저렇게 고이 모셔 놓았느냐고 여쭸더니 "병의 모양이 아름답지 않냐"고 반문하셨다.

바로 그날 저녁 석양 무렵, 오사카에 사천왕사에서 택시를 타고 목적지를 향해 가는데 택시가 금강조 본사 앞을 다시 지나가고 있었다. 추억이 있는 회사여서 한참을 바라보고 있는데 금강조 사옥 5층에서 한 사람이 창문을 활짝 열고 밖을 내다보고 있었다. 금강리융 사장님이었다. 짧은 백발 머리에 하관이 빨은 얼굴이 보였다.

'아, 사장님은 문배주를 전달하고 간 내가 혹시 다시 오는지' 찾는 듯한 모습이었다.

그것이 마지막 모습이었다.

그해 겨울 사장님이 작고하셨기 때문이다.

내가 옛 노트를 펼친 것은 금강조라는 회사를 한국 사람으로서는 최초로 94년 11월 3일 첫 취재를 하면서 금강리융 사장님을 3시간 독대했고, 이어 98~99년도에는 16일간 인터뷰를 했다. 또 그 이후에도 23년간에 걸쳐 60여 회 금강조 본사를 기업인들과 함께 방문했었다.

부연하자면 한국인으로서는 가장 오랜 시간인 23년 동안 금강조라는 회사를 지켜봤고, 한국인으로서는 가장 오랫동안 사장님을 만났다고 생각한다.

금강조라는 1400년의 역사를 가진 기업은 다카마쓰 건설에 합병되었으나 금강리융 사장님은 고문으로 남아 금강조 본사 사옥에서 일하고 계셨었다.

그러나 그도 잠시, 금강조 사장님은 돌아가셨고 이제는 누군가라도 금강조의 1400년의 역사를 남겨야 한다는 생각이 든다. 그것이 바로 노트를 펼치게 된 동기였다.

이제 세계에서 가장 오래된 기업, 무려 1400년간 그 기업을 창업한 금강조의 이야기를 그 당시 노트에 기록된 대로 적어나간다.

삼가, 금강조 39대 금강리융 사장님의 명복을 빈다.

차례

제 1 장

가업 1400년, 금강조

금강조 39대 사장과의 첫 대면

금강조 회사에 처음 간 것은 1994년 11월 3일로 적혀 있다.

당시 나는 오사카의 사천왕사를 조사하고 있었다. 사천왕사는 서기 593년에 창건된 일본 최초의 사찰이다. 지금도 일본 최대의 사찰

▲ 사천왕사 주지스님, 다키토손 아츠시

로서 위용을 과시하고 있는데 도대체 그 당시에 누가 이렇게 큰 사찰을 지을 수 있었는가 하는 것이 내 의문이었다.

당시에는 불도저나 포클레인 같은 중장비가 없었을 텐데 수만 평에 달하는 부지 위에 건축 면적이 수천 평에 달하는 대웅전, 강당, 5층탑, 부속건물 등 수십 여 동을 어떻게 만들었을까? 그 해답을 풀기 위해 사천왕사 측에 인터뷰를 요청하고 주지스님을 뵐 수 있었다.

사천왕사의 주지스님이라면 절의 계급으로 치면 최상위급, 군대로는 4성 장군에 해당될 정도로 법랍이 높은 어른이다. 어렵게 주지스님을 만났다. 그때 주지스님으로부터 아주 신기한 얘기를 하나 듣게 되었다.

사천왕사가 지어지기 시작한 것은 서기 587년부터인데, 그 당시 일본에는 절을 지을만한 기술자가 없어 일본의 성덕태자(574~622)가 백제로부터 기술자를 초청했다는 것이었다.

사실 이런 얘기야 수도 없이 들어온 터라 신기할 것도 없었지만 그 다음 얘기가 귀를 솔깃하게 했다.

그때 건너온 기술자 중에 금강중광(金剛重光)이라는 사람이 있었는데, 그 집안이 오늘날까지도 사천왕사의 모든 건축물을 보수 관리한다는 것이었다. 말하자면 사천왕사가 지어진 후 1400년이 지난 오늘날까지 금강 집안은 사천왕사를 보수 관리하기 위해 일하고 있다는 것이었다.

당시 금강중광에게 사천왕사가 세세천년 영구히 불법을 떨칠 수 있도록 명령한 사람은 성덕태자였다. 금강중광은 그 약속을 지키기 위해 그 후로 1400년 넘게 회사를 그 자손에게 계승하고 오늘날까지 사천왕사의 건물을 보수 관리하고 있다는 것이다.

놀라운 일이었다. 현대를 신용사회라고 얘기하지만, 어제 한 약속과 오늘 한 약속이 다른 일이 비일비재한 판에 무려 1400년간 그 약속을 지키고 있다는 것은 전 세계 어디에서도 그 유래를 찾아보기 힘든 것이었다.

주지스님에게 지금 금강 집안이 어디에 살고 있느냐고 물었다. 주지스님은 금강 집안은 오늘날 사원건축 전문회사가 되었고 그 명칭도 '금강조'라고 바뀌었다고 가르쳐주었다. 그러더니 벌떡 일어나 창 쪽으로 가서는 서쪽 방향의 한 건물의 서리가 보일락 말락한 곳을 가리켰다.

스님에게 작별인사를 드리고 놀라운 마음에 달려갔다.

주식회사 금강조는 사천왕사 서문에서 단 100미터도 채 떨어지지 않은 곳에 있었다. 대로변에 있는 5층짜리 자그마한 빌딩.

그때 그 회사를 찾아가서 제일 먼저 만난 사람이 바로 요시카와(吉川. 당시 61세) 총무차장이었다. 그에게 사장을 인터뷰하고 싶으니 면담할 수 있게 주선해달라고 부탁했었다. 요시카와 차장은 내 얘기를 면밀히 들은 후 면담의 목적, 동기, 질문 내용 등을 자세히 물어왔다. 손님에 대한 예의를 지키면서도 냉정하고 객관적인 입장에서 용건의 진의를 물었다.

당시 요시카와 씨의 보고로 나는 그로부터 사흘 후에 금강조의 39대 사장인 금강리융(당시 70세) 씨를 만날 수 있었고 그로부터 3시간 동안 금강조 집안에 대한 얘기를 들을 수 있었다.

3시간이 짧은 시간은 아니지만, 1,500년이라는 장구한 세월 동안 기업을 이어온 집안의 역사를 자세히 듣기에는 턱없이 부족한 시간이었다.

면담 말미에 나는 앞으로 금강조 집안에 관해 좀 더 자세한 이야기를 듣고 싶은데 허락해줄 수 있느냐고 물었었다. 금강리융 사장은 그 문제는 그때 가서 얘기하자며 즉답을 피했다.

▲ 금강조 본사 외경

그로부터 4년간 나는 금강리윰 사장에게 연하장을 띄웠고, 물론 요시카와 씨에게도 연하장을 보냈다. 때로는 아주 장문의 편지에 직접 붓글씨로 금강조 집안에 관한 궁금증을 상세히 적어 그들과의 관계가 끊어지지 않도록 나름대로 관심을 환기시켰다.

1998년 말에 다시 출장을 가게 된 것은 금강조 집안에서 취재를 허락한다는 결정이 떨어졌기 때문이었다. 헌데 그 시기가 연말연시로 잡힌 것은 그 나름대로 이유가 있었다. 즉, 해마다 연초가 되면 금강조 집안에서는 1500년간 해오는 전통의식이 있는데, 그것을 봐야 금강조라는 회사를 제대로 이해할 수 있다는 그들 나름의 배려가 있었던 것이었다.

두 번째 재회

1998년 12월 31일 오후 6시반, 오사카 시내 중심가인 천왕사구의 긴테쯔(近鐵)호텔 커피숍.

약속시간이 되자 정확하게 주식회사 금강조의 요시카와 차장이 나타났다. 160센티가 될까 말까 한 작은 키, 성실과 근면으로 무장한 이 노익장과는 1994년 11월 이후 4년만의 만남이다. 요시카와 씨가 한눈에 나를 알아보고 다가왔다. 불과 4년만인데, 요시카와 차장은 참 많이 늙었다. 주름살과 흰머리가 이전보다 부쩍 늘었다.

근황을 물어보니 작년에 차장으로 정년퇴직했고, 지금은 계약직 사원으로 1년마다 계약을 연장하고 있다고 했다. 대학 졸업 후 금강조를 첫 직장으로 사회생활을 시작해 36년간 일하다가 차장으로 정년퇴직한 요시카와 씨. 그의 흰머리가 부쩍 늘고, 주름살이 많아진 이유가 거기에 있다고 나름대로 생각했다. 요시카와 씨와 나는 생맥주를 한 잔씩 마시면서 스케줄을 하나하나 검토해나기 시작했다.

오사카의 새해 첫날

▲ 주길대사 신년의식 〈출처 : 주길대사 홈페이지〉

정월 초하루, 일본의 설날.

새해가 시작되는 날이다. 새해 첫날을 오사카에서 맞았다. 이날 금강조는 휴무였다. 새해 첫날 일본 사람들은 신사에 가서 참배하는 것으로 한 해를 시작한다.

금강조의 초대 창업주인 유중광이 백제에서 일본으로 건너가게 된 것은 불교의 일본 전래와 깊은 관계가 있고, 그 뒤에는 불교와 신사 세력 간의 거대한 헤게모니 쟁탈전이 있었으므로 신사에 대해 알아 볼 필요가 있었다.

오사카에서 가장 큰 신사는 스미요시(住吉) 신사다. 아침 일찍 호텔을 나섰다. 새해 첫날 신사에서는 어떠한 행사가 벌어지는지 보기 위해서였다.

일본 사람들은 새해 첫날이 되면 이곳저곳의 신사를 찾아다니면서 참배를 한다. 새해에도 무사히, 새해에도 하는 일이 잘되도록 해주십사 하고 비는 것이다. 이걸 일본 사람들은 하츠모데(初詣)라고 부르는데 보통은 하루에도 몇 개의 신사를 순회하며 한 해의 안녕을 빈다.

신이 많은 나라 일본

일본은 신이 많은 나라이다.

공부를 잘하게 해달라고 비는 천만궁 신사가 있는가 하면 건강을 도와주는 부동명왕 신사, 항해의 안전을 비는 곤피라 신사도 있고, 돈을 많이 벌게 해달라고 하거나, 사업을 잘되게 해달라고 비는 에비스 신사도 따로 있다. 말하자면 자기 처지에 맞게 신사를 찾아가서 그곳의 신에게 자신의 소원을 비는 것이다.

이런 류의 신사가 일본 전국에는 무려 10만 8천 개가 있고, 귀신도 무려 600만 명이 있다고 한다. 일본의 영화나 만화에 귀신이 많이 등장하는 것도 워낙 귀신을 모시는 신사의 숫자가 많기 때문이다.

전찻길로 나가니 전차 종점에는 스미요시 신사로 가는 특별편 전차가 따로 있었다. 보통 때 전철 요금은 160엔인데, 이 날은 특별할인으로 120엔에 손님을 태워다 주고 있었다.

스미요시 신사에는 그야말로 구름 같은 인파가 아침밥을 먹고 신사로 구름 같이 모여들었다. 모두 기모노를 화려하게 차려입고 언덕을 걸어 올라오는 모습이 한 폭의 일본화를 보는 느낌이었다. 저녁 때 TV 뉴스를 보니 그날 하루 스미요시 신사를 찾은 시민이 50만 명이 넘었다고 한다,

카시와데(2박수 1배)를 하며 그들은 뭔가 열심히 빌고 있었다. 그리고는 액막이 화살이나 현관 입구에 걸어놓는 가도마쓰라 불리는 올 한해의 복을 비는 소나무 가지를 하나씩 구입해서 그걸 들고 돌아갔다.

스미요시 신사에서 구경을 마치고 사천왕사로 갔다. 절에도 새해를 맞아 신자들이 찾아오기 때문이었다. 오사카에서 제일 큰 사천왕

사에는 뜻밖에도 사람들이 별로 없었다. 다 합쳐 봐야 백 명 미만이었다. 스미요시 신사에 50만 명이 모여든 것과는 대조적이었다.

"살아서는 신사, 죽어서는 절"이라는 말이 실감나는 순간이었다. 신사는 출생, 결혼, 진급, 소원, 행복, 금전 같은 속세의 소원을 빌지만 절은 죽을 때나 찾아가는 곳이었다.

천하의 부엌, 오사카

오사카를 '천하의 부엌'이라고 한다. 없는 물건이 없고 일본의 모든 물산이 오사카로 집하되었기 때문에 붙여진 이름이다.

오사카가 천하의 부엌이 된 것은 1583년 이후이다. 즉, 임진왜란을 일으킨 풍신수길(도요토미 히데요시)가 천하를 평정한 후 일본의 경제력을 장악하기 위해 전국에서 생산되는 쌀, 생선, 채소를 오사카에 끌어모았기 때문이다. 경제력의 척도가 쌀이던 시절, 오사카의 쌀 시장에는 일본 전국의 성주 260여 명이 올려 보낸 쌀이 해마다 천만 가마니 이상 집하되었다. 당시 그 쌀들은 오늘날 오사카의 관청들이 모여 있는 나카노시마의 강안에 있었던 지방 번(藩)의 쌀 창고에 보관되어 팔려나갔다. 거기에는 쌀이 수천, 수만 가마니가 들어갈 수 있는 창고가 즐비했다.

오늘날 일본 지폐 만 엔짜리에 그려져 있는 인물인 후쿠자와 유키치는 명문 게이오 대학의 창시자이자 일본 문명개화의 선구자인데 그의 아버지도 지방 번인 큐슈 나카즈 번에서 오사카로 파견된 쌀 창고 관리인이었다.

오사카는 쌀이 거래되는 일본 최대의 시장이었다. 지방 성주들은 그 현금으로 바꿔 번을 유지하는 경비로 쓰고, 일부는 풍신수길에게 세금을 내고, 오사카에서 파는 조총, 칠기 그릇, 도자기, 의약, 비단, 가구 등 각종 생활용품을 사서 자기 번으로 가져갔다. 그러한 물건들은 주로 오늘날 오사카 중심가인 센바 지역의 상점에서 주로 판매되었는데 천하의 시장이 형성되다 보니, 여관업, 식당업 등도 덩달아 번창했다.

“먹다가 망한다.”라는 말은 오사카를 상징적으로 드러내는 표현이다. 음식의 종류도 다양하거니와 천하의 물산이 모이다보니 그만큼 음식의 가짓수도 많았다는 말이 된다.

오사카 사람들은 ‘먹다가 망할(쿠이다 오레)’ 정도로 먹는 것을 좋아한다. 그래서 천하의 부엌이란 별명이 붙여졌다.

천오백 년 전, 일본 최대의 도시

오사카는 16세기에 일본 최대의 시장이 되었지만, 사실은 그보다 1천 년 전에도 이미 최대 도시였다. AD 4세기경부터 오사카는 일본의 최대 항구도시였다. 그 도시를 만든 사람들은 바로 백제인으로 그들이 오사카로 건너 온 것이다. 그들은 신대륙을 찾아 온 이민자이거나 인천과 서울 방이동에 존재했던 비류 백제의 백성들이었다.

서기 396년 장수왕의 남진정책에 따라 인천과 풍납동 근처에 있던 비류백제가 멸망하자 그들은 일본으로 집단 이주했는데 그들이 도착한 곳이 오사카 항이었고 거기서 걸어서 한나절 거리에 있는 지카이 아스카(가까운 아스카) 마을에 정착했다. 지금도 그 마을이 남아 있다.

온조 백제에서도 많은 이민자들이 일본에 건너왔다. 그들은 토오이 아스카(먼 아스카) 지역에 자리 잡았다. 오늘날 한국 관광객들이 벚꽃놀이를 하기 위해 관광 코스에 들어있는 나라 시의 아스카 마을

이 바로 그곳이다. 나라의 아스카 마을은 오사카에서 전철로 불과 1시간 이내면 갈 수 있는 곳.

백제인들은 부여에서 백마강을 따라 내려가 무안 앞바다를 지나 전라남도 다도해 해안을 끼고 대마도를 지나, 일본 큐슈와 시모노세키 사이의 해협을 통과하여 세토내해로 들어갔다. 세토내해의 595킬로에 이르는 긴 항해가 끝나면 그 종착역이 바로 오사카 항이다. 그들은 오사카 항에서 내려 도보로 나라 현의 아스카 마을로 걸어갔다. 이것이 고대 일본국도 1호이다.

▲ 17세기 오사카 나카노시마 시장의 모습 〈오사카 나카노시마 도서관 소장〉

'사천왕사 왔소' 축제의 유래

오사카 항은 바로 그 무렵부터 번성하기 시작한다.

오늘날 오사카에 대표적인 마쓰리(축제)인 '사천왕사 왔소'라는 행사는 바로 그 무렵 백제인들이 부여를 출발, 오사카에 도착한 것을 환영하기 위한 행사를 재현한 것이다. 백제인들이 목숨을 걸고 부여에서 출발해서 보름간에 걸친 긴 항해를 마치고 오사카 항에 들어오면 미리 와서 살고 있던 백제의 선주민 수천 명이 거리에 나가 그들을 반겼다. 고국 백제에서 각종 귀한 물건들을 싣고 왔기 때문이다. 금은 장신구, 종이, 먹, 붓, 벼루, 서적, 한약, 칠기 그릇, 비단 등 다양한 물건이 도착했다.

지금도 쓰는 일본 말에 '구다라 나이'라는 말은 '좋은 물건이 아니다'라는 뜻이다. 구다라는 백제를 가리키는 말인데 '백제가 없다(나이)'라는 뜻은 형편없는 물건이라는 뜻이다.

거친 바다의 풍랑을 이기고 일본의 오사카까지 건너온 백제 사람들은 육지에 도착한 기쁨을 "왔소, 왔소"라고 외치며 표현했다. 배에서 내린 백제인의 행렬이 "왔소, 왔소"라고 외치면서 거리를 지나갈 무렵, 백제의 선주민들은 그들을 향해 소리를 지르고 박수를 치며 환호해주었다. 그렇게 시작된 백제와 오사카의 역사는 서기 660년 백제가 패망할 때까지 이어진다.

'지명은 역사의 화석'이라는 말처럼 오늘날 오사카 시내 곳곳에 남아있는 지명에는 백제인의 흔적이 지금도 여전히 존재한다.

백제강, 백제교. 백제소학교, 백제역 등.

오사카 시내에는 백제라는 수식어가 붙는 강과 다리, 기차역, 학교 등의 명칭이 많다. 그 옛날 백제인들은 나라 현의 아스카에 주로 모여 살았지만, 오사카 시내의 히라노(平野町)와 같은 곳에도 많이 모여 살았다. 그만큼 고대 백제와 일본의 관계는 깊다. 아니 깊은 것이 아니라, 극단적으로 말하면 과거의 오사카, 나라 현은 백제의 분국 혹은 식민지였다고 해도 과언이 아니다.

왔소 축제를 보다

▲ 사천왕사 왔소 축제

내가 '사천왕사 왔소' 축제를 처음 본 것은 1994년 11월초이다. 한국과 일본에서 참가한 단원들이 백제의 왕과 귀족으로 분장을 하고 가마를 탄 채 장장 2킬로미터에 달하는 행렬이 되어 오사카 시내를 활보하고 있었다.

'사천왕사 왔소' 축제는 고대 백제의 행렬이 선진 문물을 싣고 백제에서 건너와 사천왕사로 들어갔던 것을 재현한 것이다. 그만큼 사천왕사와 고대 백제의 관계는 깊다.

사천왕사 마쓰리의 하이라이트는 야간행사였다. 밤이 되자, 대가람 사천왕사 경내에 거대한 무대가 설치되고 휘황찬란한 조명이 대낮처럼 주위를 밝히고 있었다. 무대 위에서는 한국, 일본, 인도네시아, 아프리카 등에서 초청된 타악기 주자들이 먼저 연주를 했다.

우리나라에서는 창을 하는 지성자 여사가 장고를 들고 나와 강강수월래를 불렀다. 지성자의 유장한 강강수월래. 지성자는 장고 채로 장고를 치면서 강강수월래를 불러나갔다. 밤하늘에 그녀의 창 소리가 퍼져나갔다. 지성자가 점차 빠르게 강강수월래의 템포를 높이자, 외국에서 온 타악기 주자들이 자신들의 전통 고유 악기로 그걸 따라잡느라고 절절 매고 있었다. 수천 명의 관객은 그 광경을 숨소리도 내지 못하고 압도당해서 넋이 나간 채 바라보고 있었다. 그때 나는 강강수월래와 한국 장고가 얼마나 대단한 음악인가를 눈물을 질금질금 흘리면서 보았다.

지성자의 장고 채는 신들린 듯 초당 24박이라는 놀라운 속도로 장고를 때리면서 전 세계에서 모인 타악기 주자를 리드했다.

"강 가앙 수월래에 ~ 강 가앙 수월 래"

지성자의 창 소리는 유장하게, 때로는 꺾여 휘어지면서 그 창 소리가 달에 까지 닿을 듯 했다.

오랑캐가 오고 있다는 뜻의 강강수월래.

너무나 슬픈 가사였지만, 그 한을 우리 민족만이 가지고 있는 성정으로 승화시켜나가고 있었다. 우리나라 장고의 힘은 대단했다. 지성자의 창이 끝나자 관객들은 우뢰와 같은 박수로 환호했다.

어떻게 바다를 건넜는가?

오늘날 포항 지방의 속담에 "왜 가는 배 같다."라는 말이 있다. 떼로 몰려다닌다는 표현이다. 그 말뜻은 과거 2천 년 전에는 일본으로 배를 보낼 때 배와 배 사이를 밧줄로 연결하여 10척, 20척 씩 한꺼번에 건너갔다는 것이다.

당시 조선 기술은 열악하였으므로 불과 3~40톤짜리의 목선으로 거친 풍랑을 헤치고 오사카까지 600킬로나 되는 먼 뱃길을 가기에는 역부족이었다. 그래서 그들은 3~40톤 규모의 목선을 밧줄과 밧줄로 연결하여 1~20척씩 한꺼번에 일본에 건너갔던 것이다.

미루어 짐작컨대 이러한 도해방법은 신라와 백제가 동일했고, 그들은 70~80톤에 달하는 목선으로 바다를 건넜다. 신라 사람들은 경북 봉화, 영주 등 산악지역에 목재가 풍부했으므로 그 나무로 목선을 만들었고, 백제 역시 나무를 구하는 것이 어려운 일은 아니었다.

몇 년 전 일본의 큐슈에서는 오사카에 이르는 고대의 뱃길을 그대로 재현하는 행사가 있었는데, 그들은 여러 문헌 기록을 통해 당시에 일본으로 건너갔던 목선을 그대로 재현해서 실제로 오사카까지 건너가는 것이 가능하다는 것을 보여주었다.

백제는 7, 80톤에 이르는 규모의 목선에 20여 명이 승선했고, 그러한 배들이 8척 이상 출발하면서 종이, 먹, 벼루, 비단, 칠기 그릇, 서적 등 짐을 가지고 승선했다고 하면, 1회 도해 시의 총인원은 적어도 100명 이상 많게는 2~300명이 일본으로 도해했다고 판단된다.

사천왕사의 역사를 기록한 가람연기에는, 금강중광(金剛重光), 다문(多聞), 도자(圖子), 중촌(中村) 등 4인의 기술자가 건너왔다고 나와 있다.

그때도 단 네 사람을 위해서 배를 띄웠다고 볼 수 없으므로 최소한 100명에서 200명 정도의 기술자 및 선원이 동시에 일본으로 건너갔다고 판단할 수 있다.

말하자면 사천왕사에 도착했던 기술자는 금강중광 등 공사 감독관 4인 외에 최소한 1~200명의 중간 기술자들이 있었을 것이다. 그 배에는 사람 외에 건축 현장에서 반드시 필요한 각종 공사도구들이 실려져 있었을 것이다. 그만큼 오사카는 고대부터 한반도와 밀접한 관계가 있는 도시이다.

❖ 나의 경영 아이디어 ❖

제 2 장

사천왕사

사천왕사라는 절

▲ 사천왕사 전경

여기서 잠깐 사천왕사를 알아보자. 사천왕사의 주소는 오사카시 천왕사구 사천왕사 1-11-18번지로, 오사카 시내의 중심가에 있다고 볼 수 있다. 사천왕이라는 말뜻은 부처님을 모시는 네 명의 왕인 지국천, 다문천, 증장천, 광목천으로, 부처를 수호하는 네 명의 신을 말한다. 오늘날 사천왕사는 일본에서 가장 오래된 593년에 건립된 절로서 당시나 현재나 가장 규모가 크다.

전체 면적은 3만 3천 평(약 11만 ㎡)이고 그 안에 중문, 서대문, 남대문, 동대문 등 네 개의 큰 문이 있는데 연면적으로 볼 때 사천왕사는 7,965평 잠실야구장의 4배 규모이다.

21세기의 현재 토목기술로도 잠실야구장 하나를 완공하는데 막대한 장비와 인력이 투입되는데 지금부터 1500년 전에 잠실야구장 4배 규모에 해당하는 건물을 지었다는 것은 상상을 초월하는 일이었다.

더구나 그 넓은 대지 안에 부처님을 모시는 금당 즉 우리말로는 대웅전이 있고 승려들이 공부하는 강당, 죽은 신을 모시는 령원, 공연을 하는 석무대와 학문을 연구하는 육시당, 성덕태자를 모시는 성령원, 종루인 북종당, 스님들의 거주처인 본방, 기타 오지광원, 삼대사당 등 수십 동의 건물이 있는 대가람이다. 사천왕사는 성덕태자가 건립한 일곱 개의 절 중에 단연 으뜸이자 일본 역사상 최초로 지어진 절이다.

성덕태자가 지은 7개의 사찰

▲ 나라시 법륭사 전경

성덕태자가 지은 7개의 절은 오늘날도 일본의 명찰로서 그 위세를 떨치고 있는데 그것은 법륭사, 광륭사, 법기사, 중궁사, 귤사, 갈목사 등이다. 사천왕사를 제외한 나머지 여섯 개의 절은 사천왕사보다는 창건연도가 늦다. 사천왕사는 성덕태자가 불력에 의해 일본을 천하통일했으므로 부처님께 감사한 마음으로 지은 절이다. 성덕태자는 7개의 절 외에 부처님과 약속한대로 100개의 절을 더 지었지만 일본의 절 중에서는 가장 으뜸이다.

여기서 하나의 미스터리가 있다.

사천왕사가 완공되던 서기 593년 일본에서는 또 하나의 절이 완공되었다. 그 절의 이름은 비조사이다. 비조사를 지은 사람은 당대 최고의 귀족인 소아마자이다. 즉 성덕태자는 왕사로서 사천왕사를 지었지만 당대 최고의 귀족인 소아마자는 씨사(氏寺)로서 비조사를 지은 것이다. 씨사란 자기 집안의 발전과 안녕을 비는 절이다,

우리의 개념으로는 왕사가 지어질 때라면 당연히 귀족이 왕사의 건립을 위해 최선의 노력을 다해야 할 것이지만 당시 일본은 천황가와 귀족 가문이 부처님을 모신다는 공통점 외에 서로 대립하고 있었으므로 각기 따로 절을 지은 것이다. 즉 성덕태자가 천황가의 발전을 불력을 통해 도모한 반면 소아마자는 비조사를 자신의 가문의 발전과 안녕을 빌기 위해 지은 것이다.

이때부터 '천황가는 군림하되 통치하지 않는다.'는 개념이 생긴 것이다. 당시나 지금이나 일본은 천황가와 총리 체제라는 이원집정

부제 시스템을 가지고 있다. 바로 그러한 출발이 사천왕사와 비조사의 건립부터 시작된 것이다.

▲ 나라시 아스카에 있는 비조사 (서기 593년 창건)

비조사는 왜 건립되었는가?

그렇다면 비조사를 설립한 소아마자는 누구인가?

소아마자는 언제 태어났는지 불분명하나 사망일은 서기 626년 6월19일로 되어있다. 그는 아스카 시대의 정치가이자 대 호족이다. 그의 부친은 소아도목으로서 일본 최초로 이원집정부제 하의 좌장으로 군림했던 사람이다. 그의 부친은 소아고려이며 그는 이름 그대로 어머니가 고구려 사람이었고 따라서 이름도 고려라 불리었다고 한다. 소아고려의 부친은 소아한자이고 그의 부친은 소아만치이다. 즉 소아만치 시대부터 소아집안이 시작된다.

소아만치는 소아석천 숙미의 아들로서 소아석천 숙미는 백제로부터 일본에 최초로 건너온 조상으로 알려져 있는 인물이다. 즉 소아집안의 시조인데 소아 씨가 본격적으로 일본에서 득세하기 시작한 것은 그의 아들인 소아만치부터 비롯된다.

백제계 소아만치

소아만치의 백제 이름은 목만치이다. 그는 전쟁터에 나갔다 하면 항상 승리하는 천하의 검객이었다고 알려진 인물이다. 본국검의 달인으로서 그 무술은 옛날부터 우리 민족에게 전해진 고유의 무술이었다고 한다. 닭, 호랑이, 기러기, 뱀, 표범, 교룡, 원숭이, 소 등의 짐승과 새의 움직임을 면밀히 관찰하여 검술에 응용한 것이 본국검이라 하는데 그것은 새처럼 날며, 뱀처럼 기고, 원숭이처럼 구르는가 하면, 호랑이처럼 빠르고, 표범처럼 덤비는가 하면, 용처럼 비틀고, 소처럼 끈질긴 검법이다.

목만치의 고향은 대목악성으로 오늘날 충청남도 천원군 목천면으로 추정된다. 백제의 8대 명문 집안의 하나였던 목씨들은 주로 대목악성에서 집성촌을 이루며 살고 있었다. 목만치는 그 곳에서 아버지 목라근자(소아석천 숙미로 추정)와 신라 출생의 어머니 사이에서 태어났다. 그의 아버지가 신라를 치러 갔다가 부인을 얻었기 때문이다.

그가 일본으로 망명하게 된 이유는 불분명하다. 그러나 〈일본서기〉 응신 25년(416년) 조에 보면 그가 일본으로 망명하지 않으면 안 될 일말의 사정으로 추정되는 구절이 나온다.

백제의 직지왕이 훙하였다. 그 아들 구이신이 왕이 되었다. 왕은 나이가 어렸다. 목리만치가 국정을 잡았다. 왕모와 간음하여 무례한 일이 많았다. 백제기에 말하길 목라근자가 신라를 칠 때 그 나라의 부인을 얻어서 낳았다. 그 아비의 공이 있으므로 임나의 일을 도맡아 보았다. 우리나라에 오고 귀국에 왕래하였다. 제도를 천조에서 배우고, 우리나라의 정사를 집행하였다. 권세가 성하였다. 그런데 그 천조가 포악한 것을 듣고 불렀다.

〈일본서기〉에 보면 백제 문주왕을 도와 고구려와 전투를 벌이다가 패퇴하여 일본으로 망명한 인물로 되어 있다.

목리만치. 그는 본시 백제의 장수였던 것이다. 싸움터마다 왕이 데리고 다니던 당대의 검객이었다. 이 검객이 고구려와의 싸움에서 패하자 일본으로 건너왔던 것이다. 목리만치는 일본에 건너온 이후 대단한 권력을 부렸다. 일본천황으로부터 대신이라는 직위를 받았다. 요즘으로 치면 장관급에 해당하는 벼슬이다. 그때 그는 목씨 성을 버리고 소아라는 성을 받았다.

〈일본서기〉 536년 2월 1일조에 보면 그러한 기록이 나온다.

소아도목 숙미를 관례대로 대신으로 삼았다.

바로 이 구절이 나온다.

다시 그 집안의 가계를 정리해보면,

소아석천 숙미(백제에서 도일. 이때 이미 노인으로 추정됨) - 소아만치 (도일 제1대) - 소아한자(도일 제2대) - 소아고려(도일 제3대) - 소아도목(도일 제4대) - 소아마자(도일 제5대) - 소아하이 (도일 제6대) - 소아입록(도일 제7대)으로 이어진다.

그의 집안은 일본에 건너간 후 7대에 이르기까지 천하의 권세를 쥐고 흔들었다. 군사력이 강했으므로 일본 천황가도 그의 손아귀에 놀아났다. 제7대인 소아입록 대에서 완전히 멸문당할 때까지 그의 집안은 7대에 걸쳐 150년간 일본의 정치를 좌지우지 했던 것이다.

사정이 이러하다 보니 막강한 군사력과 경제력을 가진 소아집안은 천황가인 성덕태자의 눈치를 보지 않고 자신의 집안을 위한 씨사였던 비조사를 당당하게 건립할 수 있었던 것이다 .

이렇게 해서 일본에는 일본 불교의 원조가 되는 사천왕사와 비조사가 서기 593년 같은 해에 개기하게 되었던 것이다. 사천왕사와 비조사는 그 스케일이 서로가 서로에게 뒤지지 않을 만큼 컸다. 오늘날 비조사는 사천왕사에 비해 각종 재해로 많이 위축되었으나 초기 창건 당시의 기록을 보면 사천왕사 못지않은 대사찰이었다.

일본의 정치가 '천황은 군림하되 통치하지 않는다.'라는 등식이 바로 이때부터 성립된 것이다. 즉 오늘날에도 천황은 군림만 할 뿐 모든 정치는 총리대신이 하고 있다. 실제로 일본의 천황가는 125대를 이어오면서 경제력은 거의 없다.

현재 일본의 천황은 일본 전국에 막대한 부동산을 가지고 있으나 그로부터 4대만 거슬러 올라가면 효명천황이 나온다. 효명천황의 경우도 일본의 귀족에 의해서 독살당할 정도로 힘이 없었다. 일본의 천황가가 그나마 힘을 갖게 된 것은 효명천황의 아들인 명치천황에 이르러서이다.

그 전에 일본천황들은 경제력의 석고(石高)가 쌀 6천5백석에 불과했으나, 반면에 에도 막부를 창건한 도쿠가와 가문의 경우 약 260년간 최하 400~800만석에 이르는 경제력을 가지고 있었다. 천황가 6천500석 대 도쿠가와 400만석을 비교해보면 상대가 되지 않는다. 6천500석이라면 일본의 지방 성주보다 못한 경제력이다.

그러나 백제와 가야의 권력 쟁탈전인 불교전쟁(538~587)에서 성덕태자가 가장 큰 공로를 세워 승리하였으므로 외견상으로 보면 천황가가 일시 패권을 잡은 것으로 보였지만 성덕태자도 훗날 그가 죽고 난 후 가족들이 모두 멸문 당했으므로 그의 패권은 일시에 지나지 않았다.

어쨌든 천하의 패권을 잡은 성덕태자는 소원대로 사천왕사를 완공시켰고, 이어 백 개에 달하는 거대 사찰들을 일본 도처에 지었다.

❖ 나의 경영 아이디어 ❖

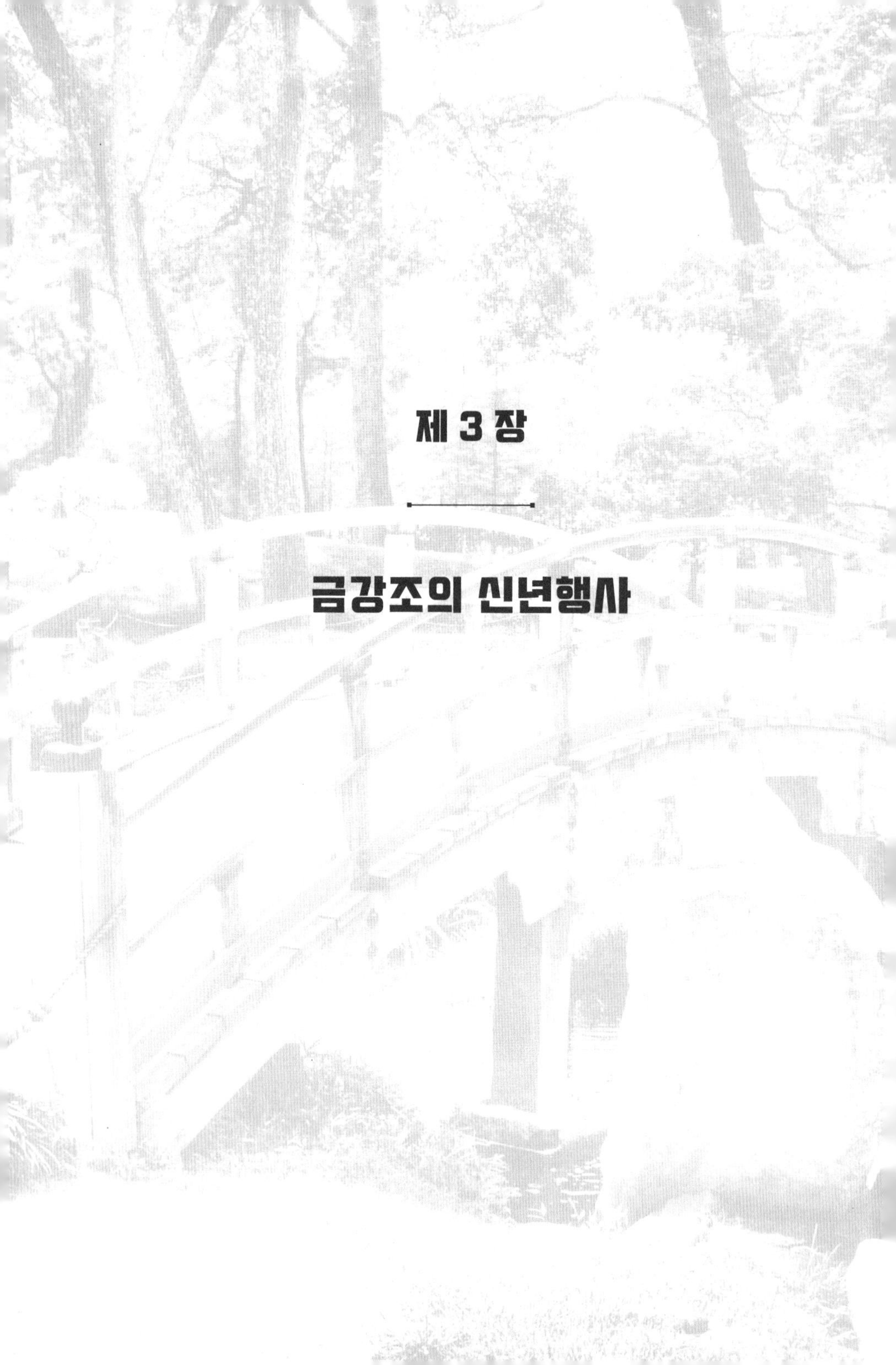

제 3 장

금강조의 신년행사

금강조, 새해 행사를 시작하다

1월 2일 오전 9시.

본격적인 취재가 시작되는 날이었다.

천왕사구 1정목에 있는 금강조 본사로 갔다. 이 날도 휴일이어서 직원들은 출근하지 않았다. 요시카와 씨를 찾았으나 그는 출근하지 않았고 대신 후지모리(당시 47세) 직원이 나왔다. 후지모리 씨는 앞으로 16일의 취재 기간 동안 자신이 취재를 도와주라는 지시를 받았다며 모든 협조사항은 자신을 통해서 부탁하면 된다고 말했다.

그와 명함을 교환했다. 그는 금강조 경리부의 계장으로 21년째 금강조에 근무하고 있다고 했다. 앞머리가 벗겨지고, 피부가 막 온천에서 목욕을 마치고 나온 사람처럼 희었다. 그러나 업무에 임하는 그의 태도는 철저하고 기민해보였다. 전형적인 일본인이었다.

그는 오늘 금강조에 특별한 의식이 있다고 했다. 의식의 이름은 '전나하지메(첫끌의 의식)'

언제부터인지 고래로부터 행해지고 있는 행사라고 했다. 그래서 그런지 회사 1층 입구에는 '金剛'이라는 심볼 마크가 새겨진 하오리(일본의 깡총한 전통의상)를 입고 까마귀 모자를 쓴 20여 명의 남정네들이 모여 있었다. 곧 금강리융 사장이 엘리베이터를 타고 내려왔다.

▲ 금강조 신년행사에 쓸 고려척을 만드는 39대 사장 금강리융 씨

금강리융 사장 역시 4년 만에 뵈었다. 정중히 인사를 했다. 그가 얼굴에 잠시잠깐 반기는 기색을 보이더니 1층 사무실 안으로 들어갔다. 그는 총무부와 경리부, 영업부가 함께 있는 1층 사무실 안으로 들어가서 책상 위에 나무를 몇 개 올려놓고 일을 하기 시작했다.

나무는 가로 2.5센티, 세로 2.5센티의 정사각형으로 길이는 2미터 쯤 되었다. 금강 사장이 거기에 금을 그었다. 그것은 자(尺)였다. 2미터의 나무에 35센티마다 금을 그어 표시하는 것이었다. 그것은 고마척(고려척), 바로 그것이었다.

오늘날의 1척, 즉 1자는 30.3센티이지만 고대 일본에서는 한 자가 35센티인 고려척을 사용했다. 즉 고래로부터 쓰던 자를 만드는 것이었다. 이것이 바로 금강조의 한 해 업무의 시작인 것이다.

금강리융 사장의 곁에서 50대의 인텔리로 보이는 한 남자가 같이 자를 만들고 있었다. 인사를 하고 보니 그는 금강리융 사장의 외아들인 금강정화(곤고 마사카즈 金剛正和. 당시 47세) 씨였다.

금강리융 사장이 백제로부터 건너온 금강중광의 39대 계승자이고, 40대 계승자가 될 사람이 바로 그였다. 180센티의 큰 키에 군살이라곤 없는 마른 체격이었지만 강단이 있어 보이는 인상의 중년이었다.

두 사람은 열심히 여덟 개의 고려척을 만들었다.

사천왕사 가람연기를 분석한 사천왕사 측에 의하면 제1대 도래인인 금강중광은 사천왕사 건립의 총 설계자로 알려져 있다. 금강중광과 함께 온 나머지 3명의 감독관, 즉 도자(圖子), 다문(多門), 중촌(中村)이 사천왕사 건립 시에 어떠한 역할을 했는지는 불분명하지만, 이 세 사람은 금당(대웅전), 강당(학문 연구소), 오중탑, 종루, 연못, 그리고 동서남북의 네 문과 숙소, 창고 등 부속건물 건축을 분담해서 맡았을 것으로 추정되고 있다. 그러나 누가 어떤 건물을 담당했는지,

그 역할 분담이 어떠했는지도 지금까지 알려진 바가 없다.

당시 백제는 이 네 명의 공사감독관 외에,

단야장(鍛冶匠: 제련기술자)

조와사(造瓦師: 기와장인)

주사(鑄師: 금속주조 장인)

회사(繪師: 화가)

불사(佛師: 불상조성)

등도 파견한 것으로 알려져 있다. 그 파견 시기가 언제였는지는 정확치 않으나, 그들도 금강중광과 같은 시기에 함께 건너왔을 것으로 추정되거나, 사천왕사 완공이 서기 593년의 일이므로 그 이전에 그들이 백제로부터 건너왔을 것으로 추정된다.

금강조의 홈페이지에는 창업연도가 서기 578년으로 기록되어 있으므로 그 이전에 건너왔을 것이다.

▲ 금강조 신년하례식에 참석하는 직원들의 복장

성덕태자의 제단

금강리융 사장은 고려척을 다 만든 후 그걸 가지고 5층으로 올라갔다. 그의 뒤를 따라 하오리를 입은 20여 명의 남정네들도 따라 올라갔다. 5층은 강당이었다.

▲ 금강조 본사 내에 모셔져 있는 성덕태자의 신단

▲ 성덕태자의 초상화

강당 앞에는 신이 모셔져 있는 신단이 있었다. 그 신단을 금강 사장이 조심스럽게 열자 그 안에 작은 나무조각상이 모셔져 있었다. 자세히 보니 그 조각상은 성덕태자 바로 그였다.

성덕태자(574~622)

용명천황의 아들이며 추고 천황 시에 섭정으로 고대 일본의 국가 기틀을 세운 사람, 그리고 바로 금강중광과 도자, 다문, 중촌 등 네 사람의 공사감독관을 백제로부터 일본에 초청한 당사자. 성덕태자는 그 어머니가 백제계로 알려져 있으니 외가의 나라에 기술자들을 요청한 것이다. 그가 죽은 지 1400여년.

금강가의 사람들은 아직도 그를 신단에 안치해놓고 모시고 있는 것이다. 이걸 대체 어떻게 이해해야 할 것인가? 놀라움과 감동이 엇갈리는 순간이었다. 1400년 전 자신의 1대 조상을 불러 일을 맡기고, 자신의 1대 조상에게,

"세세천년 영원히 사천왕사를 보수 관리하라."

라고 말하면서 일을 준 그 당사자를 1400년이 지난 오늘날에까지 모시고 있는 것이다.

궁대공 대목수들과의 신년식

의식이 끝나자 금강 사장과 하오리를 입은 장년의 남자들이 강당에 임시로 만든 식당으로 옮겨 좌정했다. 그들이 좌정하자 금강사장의 부인인 금강광자(金剛光子) 씨와 금강 집안의 며느리 즉 40대 사장인 금강정화 씨의 부인이 도시락을 공손하게 나눠주었다.

도시락이 하나씩 돌려지고 그 옆엔 일본 청주가 1인당 한 병씩 놓여졌다. 그리고 김밥이 가득 담긴 몇 개의 접시도 놓였다. 금강 사장이 청주를 들어 건배하자 하오리를 입은 중장년들도 건배를 외치고 한 모금씩 마셨다. 곧 사장과 함께 식사가 시작되었다.

도시락은 예사 도시락이 아니었다. 일본의 도시락 가게에서 흔히 살 수 있는 그런 도시락이 아니었다. 우리의 색동저고리처럼 오색으로 물들인 반찬만 가득 들어있는 도시락 오세치였다.

오세치 안에는 새우, 연근 등이 담겨져 있는데 새우는 수염이 길어 장수하라는 의미, 연근은 돈을 벌게 해달라는 의미가 담긴 정월

초하루 설날용 도시락이다.

헌데 저 전통도시락 오세치를 함께 먹는 하오리를 입은 중장년 26명은 누구일까? 그들의 옷매무새나 태도로 보아서 그들은 금강조의 사원은 아닌 것 같았다. 술이 한잔씩 들어가자 그들은 곁에 앉아 있는 사람과 신년 축하 인사를 나누었다.

금강리융 사장에게 그들의 소개를 부탁했다.

그들은 미야다이코(宮大工) 즉 대목수(大木手)들이었다. 말하자면 절이나 신사 등 큰 건축물을 짓는 전통목수들이었다. 그들의 이름은 가토(加藤), 도이(土居), 기우치(木內), 하타야마(畑山), 이와사키(岩崎), 마쓰모토였다. 물어보니 이 여섯 명의 궁대공들은 각기 하나의 독립된 조직이었다. 각기 독자적인 구미(組:조직)를 가지고 있고 그 밑에는 그들이 거느리고 있는 기술자들이 또 있었다.

가토 구미의 경우는 16명의 기술자 즉 목수를 거느리고 있고, 토이 구미가 12명, 기우치 구미가 14명, 하타야마 구미가 15명, 이와사키 구미가 6명, 마쓰모토 구미가 9명이었다.

이들 구미들은 각기 공사현장을 가지고 있고, 그 공사현장에서 필요한 목조 지붕이나 대들보, 서까래 등을 만드는 일을 자신들의 작업장에서 하고 있었다.

이 구미 중에서 가장 좌장은 무려 45년간 금강조와 함께 일한 가토 씨였다. 그리고 나머지 구미들도 보통 30년 이상 함께 일했으며 대체로 25년 이상 함께 일해 온 사람들이었다. 이들 구미들의 대표들은 지난 1400년간 자기 자식들에게 기술을 전수해 왔지만, 자식이 없거나 자식이 궁대공 일을 하기 싫어할 경우 제자 중에서 한 사람을 뽑아 대를 잇기도 하면서 오랜 기간 협력관계를 유지해왔다는 것이다. 그러니까 오늘 아침의 식사는 새해를 맞아 올해도 일을 잘 해보자는 결속과 우의, 각오를 다지는 행사였다.

식사가 끝나자 그들은 회사를 떠났다. 그들이 떠나고 난 뒤 우리는 금강조와 관련된 주변 취재를 시작했다.

▲ 금강조와 함께 수십년간 일해 온 대목수 조장들의 신년회식

불교전쟁과 금강중광의 도일

기록을 보면 금강조의 1대조인 금강중광이 일본에 오게 된 것은 불교전쟁 때문이었다. 좀 고리타분한 옛날 얘기가 되겠지만 금강 집안이 일본에 오게 된 직접적인 동기와 관련되어 있으므로 이 이야기를 하지 않고 넘어갈 수가 없다.

▲ 백제 성왕

538년 당시 백제는 매우 복잡한 상황이었다. 9년 전인 529년, 고구려 안장왕(安臧王, 재위 519~531)은 직접 군대를 지휘하여 백제를 침공했다. 고구려 남진 정책의 시작이었다. 그가 최초로 점령한 곳은 백제의 영토였던 혈성(穴城: 경기도 부천으로 추정). 이에 백제의 성왕은 좌평(佐平) 연모(燕謨)로 하여금 3만의 병력을 이끌고 고구려 군을 공격하게 했다. 하지만 백제군은 오곡(五谷: 서울 강서구 오곡동으로 추정)의 벌판에서 벌어진 전투에서 크게 패했다. 이에 성왕은 고구려의 재침공을 대비해서 538년에 도읍을 웅진(공주)에서 사비(泗沘, 부여)로 옮긴다. 즉 남쪽으로 대피한 것이다. 이 사이 고구려는 남으로 남으로 공격을 해서 충남 청양까지 그 영토를 넓혔다.

540년, 백제의 성왕은 장군 연회(燕會)로 하여금 청양의 고구려 우산성(牛山城)을 공격하게 했다. 그러나 역부족. 성을 함락시키지 못하고 물러났다. 백제의 강토가 나날이 쪼그라들고 있는 상황이었다.

한반도의 이러한 상황은 일본도 알고 있었다. 고대 일본사를 기록한 〈일본서기〉에 다음과 같은 기록이 나온다.

일본도 백제 사정 알아

538년 5월, 백제는 중부 달솔(中部 德率) 목리금돈(木刕今敦)과 하내부(河內部) 아사비다(阿斯比多) 등을 일본에 보냈다. 고구려와 신라가 연합하여 세력을 합쳐 신국(백제)을 멸하려고 합니다. 따라서 구원병을 청하여 기습 공격하려고 합니다. 병사의 다소는 천황 마음대로 하십시오.

백제가 일본에 지원군을 요청한 것이다.

그러나 당시 일본의 흠명천황은 이에 응하지 않았다. 그 이유는 일본 내부의 정세가 복잡했기 때문이다. 당시 일본의 흠명 정권은 친 백제를 내세웠으나 그의 휘하에 있는 가야계 세력이 백제계와 반목하고 있어서 입장이 곤란했다.

일본이 성왕의 요청대로 증원군을 보내지 않자 성왕은 다음 조치를 취했다.

그해 10월 백제의 성왕이 일본에 금동불, 미륵석불 등 불상 2구와 반개(불교용 깃발)와 불교 경전을 보냈다.

이른바 불교의 전래이다. 당시 백제에서 건너온 금동불과 미륵석불은 그 크기가 약 30센티미터 정도이다.

미륵석불이란 돌로 만든 미륵불로 석가 다음으로 부처가 될 고사를 말한다. 현재 도솔촌에서 보살로 있으면서 56억 7천만 년 뒤에 이 세상에 나타나 용화수 아래서 성불하고 삼회의 설법으로 석가여래가 계실 때 도탄에 빠졌던 모든 중생을 구제한다는 미래불이다.

금동불이란 동이나 청동으로 만든 불상에 금을 입힌 것이다. 금동을 한 것은 부식을 방지하고 황금과 같은 효과를 내기 때문이었다. 여기에 대해서는 〈일본서기〉의 기록이 더 자세하다.

538년, 흠명천황 13년 10월에 백제의 성왕이 달솔(達率) 노리사치계(怒利斯致契,(? ~ ?)를 보내 석가불, 금동상 1구, 반개(幡蓋, 불교용 깃발) 약간, 경론(經論) 약간권을 보내왔다.

노리사치계는 백제의 서부 지역에 살던 관리이자 승려로 성은 희(姬) 씨로 전해진다. 백제로부터 금동불상과 경전이 도착한 것을 본 흠명천황은, "외국의 신은 금색이고 아주 아름답다."라며 춤을 추었다.

흠명천황은 당대의 실권자인 소아도목 대신과 물부미여 대련이라는 두 신하를 앞에 두고 이렇게 말했다.

"짐이 옛부터 이제까지 아직 이렇게 미묘한 법을 들은 일이 없다. 그러나 짐이 혼자서는 결정하지 아니할 것이다. 서쪽 나라에서 보낸 불의 얼굴은 단엄하다. 일찍이 본 일이 없다. 예배할 것인가, 말 것인가."라면서 두 신하의 안색을 살폈다.

서기 538년경에는 일본 천황이라 해도 대단한 권력이 있었던 것이 아니었다. 흠명천황의 궁은 나라현의 사쿠라이현 근처에 있었다. 그의 궁은 기성구금자궁으로 불렸다. 그러나 말이 궁이지 이 당시 천황의 집은 2~30년이면 썩을 정도의 목재와 나무껍질로 지붕을 덮은 오막살이 수준이었다.

천황의 사정이 이러하니 막강한 실권이 있을 리 없었다. 반면에 흠명천황 앞에 앉았던 두 대신은 수천 명의 군사를 거느린 일본의 호족들이었다. 이에 소아도목대신(蘇我大臣稲目宿)이 주상하여 "서쪽의 여러 나라가 다같이 예배하고 있습니다. 일본이 어찌 혼자 배반할 수 있겠습니까."라고 말하였다.

소아도목. 그의 조상은 목만치라는 사람으로, 오늘날 일본 검도계의 원조이다. 그를 가리켜 일본의 검술계에서는 지금까지 그를 본국검(本國劍)의 달인이라고 한다. 본국검이란 한민족 고유의 무술로 훗날 신라인들에게 전해져 화랑들에 의해 무예로 승화된 무술이다.

닭, 호랑이, 기러기, 뱀, 표범, 용, 원숭이, 소 등의 짐승과 새의 움직임을 면밀히 관찰하여 검술에 응용한 것이 바로 본국검이다. 본국검은 새처럼 날며 뱀처럼 기며, 원숭이처럼 구르며 호랑이처럼 빠르며 표범처럼 덤비며, 용처럼 비틀고, 소처럼 끈질긴 검법을 말한다. 바로 그 본국검의 달인이 목만치였다.

목만치의 고향은 대목악성으로 오늘날의 충남 천안시 목천면이다. 목씨(木氏)들은 백제의 8대 명문 집안의 하나로 주로 대목악성에서 집성촌을 이루며 살고 있었다. 목만치는 그곳에서 아버지 목라근자(木羅斤資)와 신라 출생의 어머니 사이에서 태어났다. 아버지가 신라를 정벌하러 갔다가 거기서 부인을 얻었기 때문이다.

그는 일본으로 망명할 수밖에 없었던 이유가 있었다. 일본서기 응신 25년(서기 416년)조에 보면 그가 일본으로 망명할 수밖에 없었던 일말의 사정으로 추정되는 구절이 나온다.

백제의 직지왕이 승하하고 그의 아들 구이신이 왕이 되었다. 왕은 나이가 어렸다. 목리만치가 국정을 잡았다. 왕모와 간음하여 무례한 일이 많았다. 목리만치는 목라근자가 신라를 칠 때 그 나라의 부인을 얻어서 낳았다. 그 아비의 공이 있으므로 임나의 일을 도맡아 보았다. 우리나라에 오고 귀국에 왕래하였다. 제도를 천조에서 배우고 우리나라의 정사를 집행하였다. 권세가 강하였다. 그런데 그 천조가 포악한 것을 듣고 불렀다.

〈일본서기〉에 보면 이 사람은 백제 문주왕을 도와 고구려와 전쟁을 벌이다가 패퇴하여 일본으로 망명한 인물로 되어 있다. 바로 그의 후손이 목리만치. 백제왕이 전쟁터마다 데리고 다녔다는 인물로, 검술이 뛰어난 당대 최고의 검객이었다.

목리만치는 백제가 고구려와의 전쟁에서 지자 일본으로 망명한다. 일본으로 건너온 목리만치는 대단한 권력을 누렸다. 검술 솜씨가 천하의 달인이었으므로 곧바로 대신 직위를 받았다. 요즘으로 치면 장관급에 해당하는 벼슬이다. 이때 목만치는 목씨 성을 버리고 소아(蘇我)라는 성을 갖는다. 즉, 목만치는 성을 바꿔 소아만치가 되고 그의 증손자가 바로 소아도목이 된다.

소아도목은 흠명천황(제29대 539~571)의 손자인 용명천황(제31대 585~587)에게 자신의 딸인 석촌명을 시집보내 그의 장인이 되기도 한다. 또한 용명천황의 아들인 숭준천황(제32대 582~592)에게도 또 딸을 보내 그의 장인이 되는 등 약 4대에 걸쳐 천황의 장인이 된 인물이다. 그만큼 당대의 실권자였다. 그의 관직인 대신이라는 직위는 고성 씨, 평군 씨, 거세 씨 등과 더불어 일본의 정계를 좌지우지할 수 있을 만큼의 힘을 가지고 있었다. 그 집안은 천황가로부터 한 번도 정벌당한 역사를 가지고 있지 않았기 때문에 어떤 면에서는 천황과도 대등한 입장에 있었다. 소아도목은 불상 전래를 옹호했다. 그러자 물부대련미여(物部大連尾輿)와 중신련겸자(中臣連鎌子)가 말했다.

"우리나라가 천하에 왕 노릇하게 된 것은 항상 천지사직의 180신을 춘하추동에 제사지내는 것을 일로 하기 때문입니다. 지금 그것을 고쳐서 반신을 예배한다면 국신의 노여움을 살 것입니다."라고 말하였다.

물부는 그 뿌리가 가야계이다. 그가 믿는 180신이란 오늘날의 신도를 말한다. 물부가 모시던 신을 국신이라 한다. 국신이란 하늘에서 내려와 나라를 처음 만든 조상을 말한다.

물부가 모시던 국신은 누구인가? 그 국신은 다카마카하라에 내려온 신이라고 한다. 다카마카하라는 오늘날의 후쿠오카 근처라고도 하고 또 이즈모 근처라고도 하며, 큐슈의 휴우가 근처라고도 한다. 그러나 필자는 현장답사 결과 다카마카하라는 지명은 오늘날 우리나라 관광객이 수만 명씩 가는 큐슈의 유후인에 있고, 유후인에서 가장 높은 1,500미터의 봉우리라고 판단하고 있다.

문제는 신이 강림한 지역이 일본 측에서는 다카마카하라라고 기록하고 있으나 그것은 자신들의 정체성 확보 차원이고, 실제로는 그렇지 않을 것이다.

작고한 재일 소설가이자 사학자였던 고 김달수 선생은 다카마카하라를 경남 창원에 있는 우두봉이라고 설파한 바 있다. 우두봉은 창원 지역에서 가장 높은 산이며 바로 먼 옛날 가야의 땅이었다.

우두봉을 경상도 사람들은 소시모리라고 부른다. 즉 소 머리에 하늘에서 신이 내려와 나라를 열었다는 것이다. 그때 내려온 신이 바로 물부가 모시는 신으로서, 그가 가야계 최초의 조상인 것이다. 그 조상을 물부는 국신으로 규정하고 춘하추동으로 제사를 지내왔다.

즉, 물부의 뿌리는 가야이며 그는 가야의 조상인 국신을 믿고 있는데, 그러한 그에게 흠명천황이 난데없이 석가모니 부처를 모시라고 하니 그가 거부하는 것은 어찌 보면 당연한 일이었다.

물부 씨는 대련의 계급, 즉 대신 다음의 신하로서 대반 씨, 중신 씨 등과 더불어 천황가의 관리였다.

소아 씨가 천황가에 자신의 딸들을 왕비로 보내 사돈관계를 형성할 수 있었던 데 비해 대련들은 자신의 딸들 중 누구도 천황의 부인이 되지 못했다. 그만큼 신분의 차이가 있었던 것이다. 물부미여는 비록 한 계급 아래인 대련의 신분이었지만, 특수강에 속하는 일본도를 만들 수 있는 능력과 강력한 군사를 가지고 있는 실력자였다.

천황은 결론을 내렸다. "자원한 소아도목 숙사에게 주어서 시험삼아 예배하도록 하자"고 말했다. 소아도목 대신은 무릎을 꿇어 불상을 받으며 기뻐했다.

그는 소간전(小墾田)의 집에 안치하였다. 向原의 집을 깨끗히 하여 절로 삼았다.

이 내용은 상당히 의미심장하다. 백제계인 흠명천황이 백제로부터 건너온 불상과 경전을 앞에 놓고 신하들과 의논, 아니 사실상은 논쟁을 한 것이다. 538년 10월의 일이다.

백제계인 소아도목 대신은 이른바 불교의 전래에 찬성하는 입장이었으나 가야계인 물부 대련 미여는 확실하게 반대한 것이다. 이것은 명분상으로는 종교 문제이지만, 실제의 내막은 본국인 백제가 고구려와 신라의 침공으로 언제 국가가 멸망할지 모르니 집단 망명을 대비해서 미리 민심을 단합해 놓으라는 메시지였다.

백제계가 불교라는 종교를 빙자해서 힘을 합해 강성해지는 것을 물부가 두려워 한 것이다. 즉 일본 내에서 백제계가 힘을 합쳐 하나로 단합하는 것은 가야계가 바라는 일이 아니었다. 결국 백제계인 소아도목 대신이 불상을 받아 자신의 집으로 가지고 간다.

오늘날 나라 아스카 마을 초입에 있는 향원사가 바로 그 집이다. 소아도목 대신은 가져간 불상 2구를 집에 모셔놓고 지나가는 백성들로 하여금 불상에 절하도록 했다. 즉 이미 건너와 있던 백제계의 이민자들에게 고국으로부터 건너온 신이므로 경배하도록 한 것이다. 말하자면 민심규합이다.

불상에 경배하는 사람의 숫자는 나날이 늘어갔다. 먼 타국에서 의지할 곳이 없었던 백제인들은 근엄한 표정의 부처님이 자신들의 목숨과 불투명한 미래를 도와줄 것이라고 생각해서 거기에 의지한 것이다. 이러한 상황을 읽은 가야계인 물부 대신 측에서는 상당한 우려를 나타내기 시작했다.

백제계의 세력이 단합되는 것은 가야계가 원하지 않는 바.

소아 씨가 향원의 집에 불상을 모셔놓은 지 얼마 되지 않았을 때,

▲ 향원의 집 〈지금의 향원사 사진, 필자 촬영〉

난데없이 나라에 역병, 즉 전염병이 돌아 백성들 중에 갑자기 죽는 자가 많이 생겼다.

백성들은 "뼈와 살이 불타는 것 같다"고 울부짖으면서 수백 명이 죽어나갔다. 민심은 극도로 흉흉해졌다. 이것을 기회로 여긴 물부대련은 흠명천황에게 탄원한다.

"옛날에 제가 불상을 모시면 안 된다고 말씀 드렸는데, 불상을 모신 결과 역병이 돌고 많은 사람들이 갑자기 죽었습니다. 지금이라도 옛날로 돌아간다면 다시 평화로워질 것입니다. 한시바삐 불상을 던져버리고 옛날의 복을 찾으소서."

라고 말하였다.

전염병이 돌아 백성들이 많이 죽자 흠명천황도 덜컥 겁이 났다. 민심은 날로 흉흉해지고 있었다. 물부 대련은 '바로 이때다'라고 생각하고 539년 가을 어느 날 밤 3천 명의 군사를 일으켜 소아도목의 집을 습격한다.

그의 본거지인 오사카 근처 팔미시에서 말을 달려 한 시간 떨어진 아스카의 향원에까지 쳐들어간 것이다. 야밤의 기습에 소아도목이 칼에 질려 죽고, 소아 씨 집안 사람들은 잡히는 대로 모조리 죽였다.

소아의 집에 불을 질렀으며 백제로부터 건너온 금동불과 미륵석불 2구를 찾아내어 난바에 있는 굴강이라는 강에 던져버렸다. 이것이 바야흐로 기나긴 불교전쟁의 시작이었다.

그러나 향원사가 불타고 소아도목과 그의 모든 식솔, 군사들이 사망한 와중에 소아도목의 아들 한 명이 기적적으로 도망쳤다. 그는 산세가 험한 이코마 산속으로 피신했다.

이코마산은 예부터 백제인의 신앙의 대상이기도한 산이며 삼산, 오산, 일산 등 나라의 3산으로 백제인의 정신적 구심점인 지역이고 백제인이 많이 거주하던 지역이었다. 이를 계기로 바로 49년간에 걸친 불교전쟁은 시작되었다.

더욱 복잡해지는 한반도 상황

이 무렵 한반도의 상황은 백제에 더욱 불리해졌다. 고구려와 신라가 연합하여 백제의 영토를 더욱 압박하기 시작한 것이다. 수세에 몰린 백제는 또 다시 일본에 구원병을 요청했다. 〈일본서기〉의 기록이다.

539년 1월,12일 백제가 상부달솔(上部 德率) 과야차주(科野次酒),간솔 예한돈(杆率 禮塞敦)을 보내 군사를 청하였다.

일단 1월 12일에 백제에서 건너온 두 사람의 관리 상부달솔과 간솔이 천황을 만나 군사지원을 요청했다는 대목이 나온다. 그만큼 백제 쪽의 사정이 다급했던 것이다.

그러나 일본 측은 전쟁에 휩싸여 백제 못지 않게 상황이 복잡했다. 따라서 간신히 성의만 표했다. 일본 측이 백제의 요청에 4개월간

뜸을 들이다가 5월이 되자 사신과 함께 보낸 것은 겨우 말 2필, 배 2척, 활 50장, 화살 50구가 전부였다. 병력 지원은 아예 없었다.

불교전쟁의 승자는 백제계

49년, 3대에 걸친 불교전쟁은 소아가문의 승리로 끝난다.

소아도목의 손자, 소아마자의 대에 가서 물부 집안은 패망했다. 그리하여 간신히 살아남은 몇몇의 물부 씨들은 성을 모리(森)로 바꾸고 숨어 살았다. 바로 이 49년간의 긴 종교 전쟁을 끝낸 사람은 백제 즉, 불교의 편에 서서 물부와 싸운 성덕태자였다.

성덕태자는 열 넷의 어린 나이에 물부 군을 쳐부수기 위해 전장터에 나섰다. 그러던 중 물부의 군사에 포위당해 목숨이 경각에 달리는 절체절명의 위기를 맞는다. 그가 절체절명의 위기에 몰렸던 그 장소가 지금도 오사카 근처의 팔미(八尾) 시에 있는 승군사라는 절 안에 보존되어 있다.

성덕태자는 물부 군대의 추격에 쫓겨 홀로 말을 달려 도망치고 있었다. 그러나 결국은 완전 포위당하고 고목 나무에 등을 기댄 채 칼을 빼어든다. 수십 명의 물부 군대의 창끝이 성덕태자의 목을 조여

들었다. 그때 성덕은 가슴속에 품고 다니던 염지불(미니 불상)을 꺼내, "부처님이시여, 저를 살려주시면 부처님을 위해 100개의 절을 짓겠습니다"라고 발원했다.

그때 등을 대고 있던 고목이 반으로 쪼개지며 성덕 태자를 끌어들이더니 닫아 버렸다. 기적이 일어난 것이다.

그때 성덕의 구원군이 나타나 물부에게 화살을 날렸고 목을 관통당한 물부는 현장에서 사망하고, 전세는 백제군 쪽으로 기울었다. 결국 물부의 죽음으로 성덕이 전쟁에서 이겼다. 이것이 불교전쟁의 마지막 장면이다.

문제는 이러한 전설 따라 삼천리 같은 이야기를 믿어야 되는가 하는 것인데, 문제의 그 고목(사진)이 지금도 있다. 또한 현장에서 절명한 물부의 묘(사진)도 그 근처에 있으므로 믿을 수밖에 없다.

▲ 성덕태자를 품어 안았다는 문제의 고목, 현존

▲ 물부의 묘 〈야오시 소재〉

향원사의 불상

서기 587년 백제계의 불교전쟁에서 완전히 승리한 소아 씨는 난바의 굴강을 파헤쳤다. 물부 계가 던져버린 불상을 다시 찾기 위해서였다. 그리고 결국 그 불상들을 찾아냈고 다시 그 불상을 향원사에 모셨다. 불상은 그 후로 1400년간 향원사에 모셔져 있다가 1970년대 초 도난당했다. 경찰에 수사를 의뢰했지만 행방이 묘연했다.

필자는 도난당하기 전 촬영되었던 금동불과 미륵석불의 사진을 향원사 주지스님이 보여주어 직접 본 적이 있다.

그러다 2010년 경 그 불상이 뜻밖에 일본 옥션 경매에 나왔다. 불상을 훔쳐간 범인들은 향원사의 불상(사진)이 그토록 유서 깊은 물건인 줄 모르고 단지 금이 탐이 나서 훔쳐간 것인데 불상 도난에 관한 기사가 신문에 요란하게 나오자 그만 덜컥 겁이 나서 팔지도 못하고 수십 년을 갖고 있다가 다른 사람에게 헐값에 처분했던 것이다. 그 후 몇 차례 주인이 바뀌고 그 불상의 의미를 모르는 사람이 옥션 경매에 내놓은 것이다.

향원사 불상이 옥션에 나온 것을 알게 된 주지는 그 불상을 구입해서 다시 향원사에 모셨다. 찾아온 불상을 필자는 나중에 향원사에서 직접 보았다. 참 파란만장한 불상이다.

▲ 백제에서 일본 최초로 전래되었다는 금동불상 (서기 538년) 〈나라 향원사 소장〉

성왕의 전사, 날로 복잡해지는 한반도 정세

이 무렵, 한반도의 정세는 날로 백제에 불리해지고 있었다. 일본이 도와줄거라고 믿었던 성왕은 이제부터 자력으로 위기를 타개할 수밖에 없는 상황. 그때부터 백제는 풍전등화의 운명이 된다.

그로부터 16년 뒤. 서기 554년 대사건이 터진다. 백제의 성왕이 전쟁터에서 사망한 것이다.

서기 554년 봄, 충북 옥천에 있는 관산성 전투. 신라와 싸우기 위해 출전한 성왕의 아들, 왕자 창(昌)이 신라군에 의해 완전 포위되어 목숨이 위태롭다는 비보가 날아왔다.

당시 왕자 창의 목표는, 서기 440년부터 신라가 매일 1,600명의 병력을 동원해서 3년간에 걸쳐 쌓았다는 난공불락의 성으로 신라가 쌓은 산성 중에서는 최대의 규모이자, 최대의 요새라는 삼년산성(사진)을 빼앗는 것이었다.

신라가 이 성을 쌓은 이유는 인천으로 갈 수 있는 중간 기지의 구축, 즉 당나라와 교통하기 위해서는 절대적으로 확보하지 않으면 안 되는 충북 보은, 옥천 지역에 교두보를 만들기 위함이었다.

왕자 창은 이 성을 함락시켜, 당나라로 가는 길목을 차단하기 위해 3만 명이 넘는 대규모의 군대를 이끌고 사비성을 떠났다.

▲ 삼년산성

삼년산성을 공격하기 위해서는 그 길목을 지키고 있는 관산성(오늘날 옥천 육영사 여사 생가 뒷산)부터 함락시켜야 했다. 왕자 창은 관산성을 맹공격했다. 무려 3만의 대군이 공격하자 관산성의 운명은 풍전등화였다.

관산성의 군주(郡主) 각간(角干) 우덕(于德)은 백제군을 맞아 사력을 다해 싸웠으나 힘이 부쳤다. 그는 긴급히 신주(新州) 군주였던 김무력(金武力) 장군의 지원을 요청했다. 김무력은 신주 즉 경기도 광주의 군수로 김유신 장군의 조부이며, 맹장 중의 맹장이다.

관산성의 함락은 삼년산성의 함락으로 이어지기 때문에 신라는 이러한 상황을 좌시할 수 없었다.

드디어 김무력의 병력이 도착했고, 신라 군은 대반격에 나섰다. 양쪽의 대전투가 밤낮없이 벌어졌다. 결과는 백제의 패배.

왕자 창은 이 전투에서 사력을 다해 싸웠으나 김무력의 기세에 눌려 최고위직인 좌평(佐平) 4명이 죽고 병사가 무려 2만 9,600명을 잃었다. 게다가 자신도 포위되어 활로를 찾지 못하는 상황. 이러한 위급상황은 곧바로 부여의 사비성에 있는 성왕에게 전달되었고 성왕은 급보를 듣자마자 바로 단 50명의 부하를 데리고 성을 떠났다.

신라군은 성왕이 반드시 아들을 구하러 올 것으로 알고 구천(狗川: 오늘날의 구진벼루) 뒷산에서 매복한 채 기다리고 있었다.

저녁 무렵, 성왕과 그의 부하가 나타났다. 기다리고 있던 신라군은 총 공세를 펼쳤다. 단 50명의 부하 밖에 없던 성왕은 전투에서 병사의 대부분을 잃고 구진나루(속명 구진벼루) 쪽으로 도망쳤다.

신라군의 맹추격.

제법 큰 내가 흐르는 나루터. 그 옆은 소로가 산 밑까지 뻗어 있었다. 성왕은 신라군의 기병에 쫓기면서 달렸다. 그러나 소로의 끝은 나룻길이 끝나면서 절벽이었다. 도저한 산이 가로막고 있었다. 신라의 기병은 벼랑 끝으로 성왕을 몰아붙였다. 성왕은 칼을 빼어든 채 벼랑을 등지고 섰다. 신라군이 성왕의 목에 창끝을 들이밀자, 성왕은 칼을 땅에 내려놓았다.

성왕의 앞에 신라군 장수가 나섰다. 그는 성왕에 크게 두 번 절했다.

"너는 누구인가?"

"신은 삼년산성 성주의 비장 도도(刀都)입니다."

도도의 계급은 비장(裨將). 삼년산성 성주의 보좌관쯤 되는 직책이다. 요즘으로 치면 소령 정도에 해당되는 계급. 일국의 국왕이 소령 정도의 계급을 가진 적장에게 죽게 된 것이다.

"왕의 머리를 베기 청합니다."

"백제 국왕의 머리를 천한 자의 손에 줄 수 없다."

"우리나라의 법에는 맹세한 것을 어기면 비록 국왕이라 하더라도 천한 자의 손에 죽습니다. 도도는 천한 노(奴)이고 성왕은 뛰어난 군주이십니다. 허나 천한 노로 하여금 뛰어난 군주를 죽이게 하여 후세에 전해져 사람들의 입에 오르게 해주십시오."

도도는 성왕에게 끝까지 예의를 표했다. 이윽고 성왕은 긴 신음소리를 내고, 하늘을 바라보며 눈물을 삼켰다.

"과인은 매번 뼈에 사무치는 고통을 참고 살아왔지만, 구차하게 생명을 구하고 싶진 않다."

그리고는 자신의 머리를 늘였다. 도도는 단칼에 성왕의 머리를 베었고, 그의 시신을 향해 목례했다. 이어 성왕의 머리를 상자에 담아 경주의 왕궁으로 보내고, 몸뚱아리는 다른 말안장에 얹어 백제로 돌려보냈다. 이후 성왕의 목은 경주의 북쪽 왕궁 계단 아래 묻혔고, 신라의 모든 신하들은 그 계단을 밟고 다니면서 모욕을 주었다. 성왕의 머리가 묻힌 계단 아래는 훗날 도도의 이름을 따 도당이라 불렸다.

오늘날 성왕이 죽은 구진벼루의 끝자락, 비탈진 산 앞에는 성왕의

▲ 성왕의 순국지인 구진벼루, 오른쪽에 큰 내가 흐르고 있다

순국지라는 비석(옥천군 군서면 월전리 9-3번지)이 지금도 서 있다.(사진)

목 없는 성왕의 시신이 부여 사비성에 도착하자, 모든 백성이 밤새 슬피 울었고, 백제는 사실상 이때 이미 국세가 거의 기울게 된다. 554년 7월의 일이다.

그러나 아들 창은 아버지 성왕이 목숨을 건 전투를 벌일 때 험지에서 탈출, 부여로 도망쳤다. 그리고 바로 왕위에 오르니 그가 27대 위덕왕이다.

이로서 신라는 관산성, 삼년산성을 이어 한강유역, 인천항까지 연결되는 길을 확보했고, 서해를 거쳐 중국과 교류할 수 있는 외교통로를 열었다. 반면에 백제는 전쟁에 패한 이후, 귀족들의 정치적 발언권이 강해지면서 국왕의 정치적 입지는 좁아졌다.

위덕왕의 금동대향로

10여년 전, 부여 능산리 절터에서 금동대향로(사진)가 발견되었다. '세기의 발견'이라고 불릴 정도로 세간의 이목을 끌었고, 발견 직후 국보로 인정받은 문화재이다.

금동대향로

용 한 마리가 연꽃 봉오리를 물고 있는 세기의 걸작.

불로장생의 신선들이 살고 있는 삼신산을 주제로 다섯 봉우리에 다섯 마리의 새가 봉황을 올려다보며, 5명의 악사가 5가지 악기를 연주하는 섬세함의 극치.

높이 64센티미터의 이 금동대향로에는 산봉우리 24개, 삼림 6곳, 바위 12개, 등장인물 16명에 폭포, 시냇물, 호랑이, 사슴, 코끼리 등이 새겨져 있어 백제 예술의 정수를 보여주고 있다. X레이 투시 결과에도 엄청난 과학적 계산과 탁월한 주조기술이 집대성된 작품으로 나온다.

자, 그렇다면 누가, 이러한 작품을 왜, 무엇 때문에 만들었는가 하는 것이다.

만든 사람은 바로 성왕의 아들인 위덕왕.

전쟁터에서 자신을 구하려다가 숨진 아버지 성왕의 명복을 빌기 위해 만든 작품이다. 아버지 성왕이 신선들만이 사는 봉래산에서 평안한 사후를 보내시라는 절절한 효심이 담긴 작품인 것이다.

그러한 바램이어설까? 일본에서는 불교전쟁에서 백제계의 성덕태자가 천하의 패권을 장악하게 되고, 그는 집권 초기에 강력한 개혁 드라이브를 걸게 된다.

▲ 금동대향로 〈출처 : 국립중앙박물관〉

성왕 순국지에 세워진 성왕기념비

성덕태자의 집권

서기 587년, 성덕태자는 일본의 49년간에 걸친 긴 불교전쟁에서 승리했다. 백제계 정권의 승리이다.

정권을 장악한 그는 국가의 기틀을 마련하기 시작한다. 그가 제일 먼저 한 일은 헌법을 만드는 것이었다.

이른바 성덕태자가 일본 최초로 만든 헌법17조였다.

1. 화는 세상의 근본정신이다. 삼보(불법승)를 존경하라.
2. 선의 기초는 믿음으로 귀의하는 마음이다.
3. 소를 이어받음에 성실하라.
4. 관리는 예를 근본으로 하라.
5. 공무원들은 먹고 마시는 것을 하지 말고, 물질적인 욕심을 버려라.
6. 악을 멀리하고, 선을 권장하는 것은 처음부터 착하게 되는 것이다.

7. 사람은 임무가 있다. 자신의 본분을 충실히 지켜라. 현명한 사람은 덕이 있어 사람이 임무를 맡음에 있어 아름다움에 영광이 있지만 사악한 자는 화로서 난을 만든다.
8. 관리는 직무를 잘하기 위해 일찍 출근하여 늦게까지 일하라.
9. 진심은 일의 도리이며, 근본이다.
10. 마음속에 한을 생각하면서 눈을 부릅뜨지 마라.
11. 공적도 있지만 과실도 있음을 십분 이해하라.
12. 지방장관은 세금을 함부로 걷지 마라. 규정된 세금 이외에 권력을 이용하여 세금을 받지 마라.
13. 관직에 종사하는 자는 서로 도와라.
14. 사람을 돈으로 이야기 하지 마라.
15. 나의 이익을 무시하고 공을 위하는 것이 신하된 자의 도리이다.
16. 백성을 국가에서 쓰고자 할 때에 때를 가려라. 겨울에는 농민이 한가함으로 써도 되지만 농번기에는 백성을 동원하지 마라.
17. 일을 독단으로 전횡하지 마라. 작은 일은 많은 사람과 상의할 필요가 없지만, 중요한 일은 대화를 통해서 도리를 명확하게 해서 해결하라.

헌법 17조의 내용은 사뭇 의미심장하다.

제1조인 화를 세상의 근본정신으로 삼았다는 것은 백제계와 가야계의 화합을 강조한 것이다. 즉, 49년간의 긴 전쟁을 통해 백제와 가

야는 서로 철천지원수가 되었다. 쌍방 간의 부모와 자식이 수도 없이 죽었다. 두 세력 간의 화합이야말로 새로 탄생된 국가인 일본백제가 발전하고 평화로워질 수 있는 유일한 길임을 강조한 것이다. 즉 성덕은 두 세력 간의 화합을 강조하고 또 강조하는 내용의 헌법을 탄생시켰으니, 이것이 성덕태자의 고뇌였다.

성덕태자는 부처님과의 약속대로 절을 짓기 시작한다. 바로 그렇게 해서 탄생된 첫 번째의 사찰이 사천왕사이다.

사천왕사는 오늘날에도 일본의 관서지방, 더 나아가서는 일본전국을 대표하는 최대 사찰이자, 일본 최초의 사찰이다. 다만 같은 해에 아스카 절(飛鳥寺)이 나라 아스카 지방에 세워졌는데, 이 절을 지은 사람은 바로 소아 집안이었다.

사천왕사는 왕이 지었다고 해서 왕사(王寺), 아스카 절은 귀족인 소아 씨가 지었다고 씨사(氏寺)라 불린다.

왕사와 씨사.

왜 왕사와 씨사로 따로 절을 지었을까?

왜 천왕과 귀족이 따로 놀았을까?

이것이 오늘날 일본의 정치행태로 이어지는 '천왕은 군림 하나 통치하지 않는다'는 특이한 정치 시스템의 출발이다.

즉 성덕태자에게 통치하지 말고 군림만 하라는 것을 소아가 요구했다. 그러나 성덕은 소아의 경고를 무시하고 직접 통치에 나섰으며, 그 첫 번째가 헌법을 만든 일이고 두 번째는 최대의 사찰인 사천왕사를 지은 것이었다.

성덕은 부처님과의 약속을 지키고자 했으며, 그 외에 또 다른 목적도 있었다. 천왕 중심의 국가를 만들기 위해 왕권을 강화하는 일이었다. 그 왕권 강화의 핵심사업이 대사찰인 사천왕사를 만드는 것이었다.

결국 왕권(王權)과 신권(神權)의 대립은 성덕태자의 사후 그의 가족이 몰살당한 것으로 끝나는데 왕권이이라 해도 신권에 도전하는 것을 용납하지 않은 것이다.

사천왕사 부여정림사

▼ 정림사지 〈출처 : 정림사지박물관〉

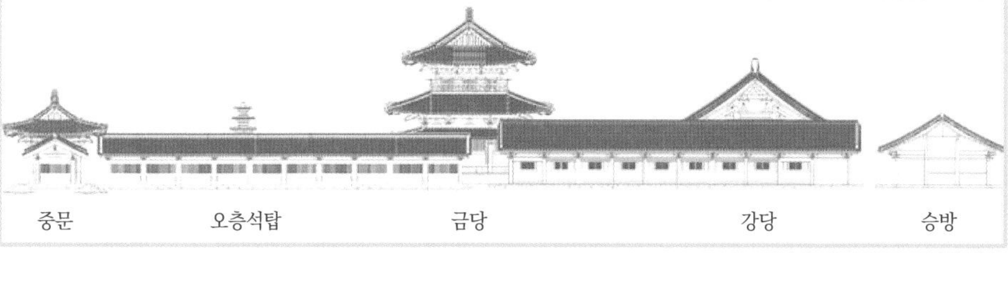

성덕태자는 대사찰인 사천왕사를 짓기 위해 백제에 기술자 파견을 요청했다. 당시 성왕의 아들인 백제의 위덕왕은 성덕태자의 요청을 받아들여 기술자를 파견했는데, 백제에서 파견된 기술자 우두머리는 4명이었다.

그들의 이름이 앞서 말한 금강(金剛), 도자(圖子), 다문(多門), 중촌(中村)이다. 사천왕사의 총 설계자인 금강중광은 일설에 따르면 부여의 정림사를 완공한 총 책임자로 알려져 있다. 다만 여기에 관한 기록은 존재하지 않는다.

사천왕사는 부여의 정림사를 모델로 지어졌다. 정림사는 오늘날에도 부여에 있는데 현재는 모두 불 타버려서 절의 건물은 사라졌고 오중탑과 절터만 존재한다.

그러나 주춧돌을 토대로한 정림사의 가람 배치도를 보면 사천왕사의 가람배치도와 놀랍도록 그 구조가 같다. 절 입구에는 남대문이 있고 남대문을 통과하면 중문이 나오며, 중문을 지나면 탑이 있고 탑 뒤에는 금당이라 불리는 대웅전이 있으며 이어 강당이 나온다. 백제의 정림사와 오사카의 사천왕사는 가람 배치 양식에 있어 똑같이 일탑일금당식, 즉 다시 말하면 탑 하나에 대웅전도 하나인 양식이다.

백제의 정림사와 오사카의 사천왕사가 똑같은 양식을 취했던 이유는 무엇일까? 이유는 말할 것도 없이 당시 사천왕사를 지을 때 건너온 가람 건축 기술자들이 모두 백제에서 왔기 때문이다. 백제 출신들이 와서 절을 지었으니 당연히 사천왕사의 건축양식도 백제의 것을 따를 수밖에 없었다.

일탑일금당식이라는 양식은 백제의 고유 양식이다. 고구려의 경우는 일탑삼금당, 즉 탑은 하나인데 대웅전은 3개인 양식을 취하고 있다. 일탑삼금당 양식은 다분히 위압적이고 폐쇄적인 건축구조이다. 따라서 백제와 신라는 고구려식의 일탑삼금당식을 지양하고 신라의 경우는 이탑일금당식, 백제의 경우는 일탑일금당 방식을 취했다.

본래 백제의 탑은 목탑이었으나 백제 후기에 들어서 목탑이 석탑으로 바뀌어나가게 된다. 일본의 고대 건축의 경우도 백제의 영향을 많이 받아 거의 대부분이 일탑일금당식을 취한다.

사천왕사와 더불어 일본 최초의 절이라는 비조사 역시 백제인들이 지었지만, 비조사의 경우는 고구려식과 백제식을 절충하여 일탑이금당으로 지어졌다.

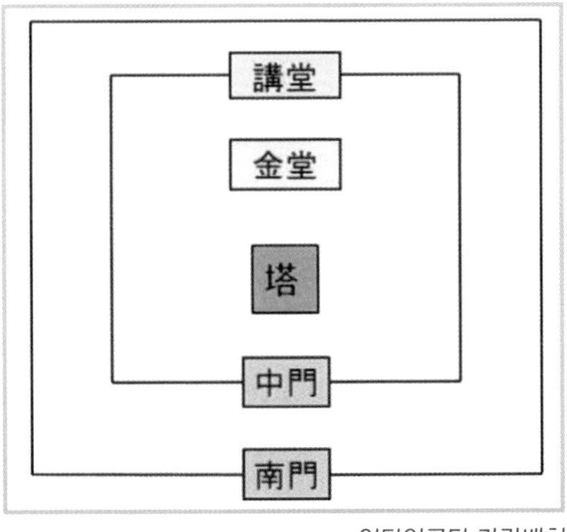

▲ 일탑일금당 가람배치

이렇게 국가마다 탑과 대웅전의 양식이 다른 것은, 탑을 사찰의 중심으로 보는가,

대웅전을 사찰의 중심으로 보는가에 따라 달라진다.

대체로 삼국시대에는 탑을 사찰의 중심으로 보고 절을 건축했다. 경주에 있었던 황룡사나 사천왕사, 부여의 정림사의 경우는 탑이 사찰의 중심이었다. 탑 속에 부처의 사리를 봉안하여 그것을 신앙의 대상으로 삼은 것이다.

그러나 고려시대에 들어서면 사찰의 중심이 건물 중심, 즉 대웅전이나 금당을 중심으로 바뀐다. 신앙의 대상이 부처님의 사리가 아니라 불상으로 바뀌어 그 불상을 봉안한 사당이 종교의식의 중심이 된 것이다. 이러한 대표적인 사찰로 통도사나 해인사, 화엄사 등을 들 수 있다. 이렇게 해서 일본에는 사상최대의 가람인 사천왕사가 만들어지기 시작한다.

첫 손도끼의 의례

▲ 전나하지메 신년의식에 참가한 39대 금강리융 사장

1월 11일 오후 3시.

기대하던 전나하지메가 시작되었다. 전나하지메, 첫 끌의 의례.

올해의 공사가 시작되는 날이다.

첫 순서는 금강조 회사 정문에서부터 시작되었다. 금강리융 사장이 그 옛날 백제식 관복과 관모를 쓰고 나타났다. 관복은 붉은색이었는데, 옷소매가 치렁치렁 늘어질 정도로 넓었다. 첫눈에 백제 때의 고대 복장이었음을 직감적으로 느낄 수 있었다. 관모는 말총으로 만들어졌는데, 벼슬이 꿩의 꼬리처럼 늘어져 있어서 상당히 지체가 높은 고관의 복장이라는 것을 느낄 수 있었다.

'아아, 금강 사장이 입고 있는 저 관복과 관모(사진)는 대체 어느 정도의 벼슬아치를 의미하는 것일까?'

그 복장과 관모는 백제에서 건너온 제1대 금강중광이 입었던 바

▲ 전나하지메 신년의식에 참가한 금강조 사장, 부사장과 직원들

로 그것과 똑같은 것을 만든 것이라 한다. 그렇다면 저 복장을 연구해보면 제1대 금강중광이 어느 정도 지체를 가졌던 기술자였는지 알 수 있으리라.

'저 복장은 백제의 것인가? 아니면 고대 일본의 것인가?'

현재 우리나라에서 백제의 의복, 복식에 대해 알 수 있는 것은 〈양직공도〉, 즉 백제의 사신이 중국의 양나라를 방문했을 때 양나라 측의 화공이 그린 그림 한 점이 유일하다. 그나마 관모의 형태는 그림이 희미해서 알기 어렵다.

백제의 복식은 현재 어느 정도 고증이 되었으나 관모가 계급에 따라 어떻게 생겼는지 전모를 밝힌 연구는 없다.

고대 일본의 관직은, 臣(오미)-連(무라지)-君(기미)-直(아다에)-造(미얏꼬)-史(후다지)로 나뉘어진다.

소가의 집안은 신하 중에 최고 계급인 신(臣)이었고, 물부의 집안은 그보다 한 단계 아래인 무라지, 즉 연(連)이었다. 이는 모두 장관급 이상의 높은 벼슬아치들이다. 금강중광은 과연 어느 정도의 계급을 가진 기술자였을까?

부사장 금강정화 씨도 고대 복장을 하고 나타났다. 다만 그의 복식은 곤색에 가까웠는데, 관모의 벼슬이 없다시피 짧았다(사진). 즉 귀족의 반열에까지는 들었지만, 높은 계급은 아니었을 걸로 짐작이 된다. 그리고 이어 12명의 권대공(權大工)이 나타났다. 그들의 복장은 모두 검은색으로 관모에는 벼슬이 없었다. 그들은 모두 회사

▲ 금당 안의 전나하지메 의식제단

건물 입구에 마련된 나무 물통에 손을 씻고 전지에 손을 닦은 후 행렬을 시작했다.

행렬의 입구에는 하얀 소복을 입고 창을 든 두 남정네가 앞장섰고, 그 뒤에는 권대공 12인이 따랐으며 그 뒤에 부사장, 그리고 맨 마지막이 금강 사장이었다. 그들은 하얀 버선에 일본 '쪼리' 신발을 신고 천천히 사천왕사의 금당을 향해 걸어갔다.

금당 안의 비밀 의식

금당에 일행이 도착했다. 일행이 금당 안에 모두 좌정하자 덜컹

금당의 육중한 쇠문이 쿵 하고 닫혔다. 이제 누구도 나갈 수도 들어갈 수도 없다. 비공개 의식이었다. 필자는 비공개 의식에 참가한 최초의 외부인이자, 최초의 한국인이라고 했다.

금당 안은 캄캄했다. 대형 불상 앞에 촛불 두 개만이 일렁이고 있을 뿐이었다. 불상을 중심으로 왼쪽에는 금강조 회사 사람들이 앉았고, 오른쪽에는 사천왕사 대표로 참석한 스님 세 사람이 좌정했다. 그 스님들의 뒤에는 금강조 회사와 관련된 업자들과 금강조 직원들이 입회했다. 사회는 금강조 영업과장 야마모토(45) 씨가 맡았다.

불상이 있는 제단 아래에는 25cm×25cm×1.8m 정도의 대들보가 놓여 있고, 젯상에는 40센티미터 정도 되는 붉디붉은 생 도미 두

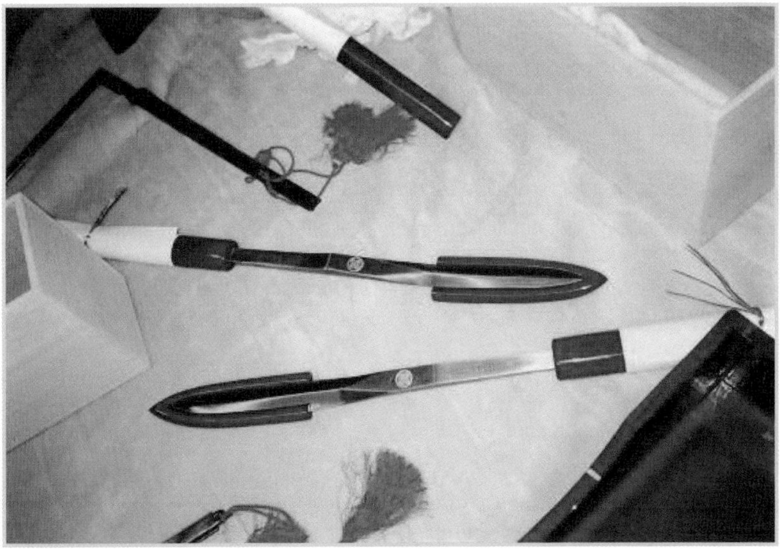

▲ 전나라는 끌, 본래 백제로부터 전래된 공사 도구

마리가 불상의 오른쪽과 왼쪽에 각각 한 마리씩 놓여 있었다.

권대공 한 사람이 나와 눈금이 그려진 고려척에 흰 종이를 달고 참석자들의 머리 위에 대고 흔들었다. 그것은 의식을 시작한다는 것을 부처님에게 알리기 위한 것이었다.

이어 부사장 금강정화 씨가 눈금이 새겨진 2미터 길이의 고려척을 전방을 향해 높이 쳐들고 눈대중을 하는 시늉을 했다. 그 행동을 두 번 반복하더니 세 번째에는 탕 소리가 나도록 바닥의 대들보 같은 나무에 내리쳤다. 그가 자리에 가서 앉았다. 이를테면 고려척으로 나무를 잰다는 의미가 있는 행동이었다.

이번에는 권대공 두 사람이 일어나 먹통과 먹줄을 가지고 여러 번 가늠하더니 그 나무에 먹줄을 매기는 행동을 취했다. 그리고 다른 권대공이 일어나 부처님에게 술을 공양했다.

마지막으로 금강 사장이 일어나 연장을 들었다. 그가 든 연장은 끌이었다. 나무의 껍질을 벗기는 끌, 즉 전나인데 그걸로 금강 사장은 나무껍질을 벗기는 시늉을 했다. 나무껍질을 벗기고 나자 그는 나무의 표면을 다듬는 끌로 그 표면을 다듬는 시늉을 했다. 이어 입을 굳게 다물고 아주 결기 있는 표정으로 마지막에,

"에에이"

하는 큰 소리를 지르며 대들보용 나무를 내리쳤다. 그리고는 성덕

태자의 목상 앞에 서서 축문을 읽기 시작했다. 보통 축문부터 먼저 읽고 행사를 치르는 것이 아니라, 행사부터 하고 축문을 맨 마지막에 읽는 것이 좀 특이했다.

축문 읽기가 끝나자 부처님 앞에 바친 술을 사천왕사 측의 스님과 금강조 집안의 사람들이 나눠마셨다. 그걸로 행사는 끝이 났다. 행사는 아주 엄숙했고 또한 장엄했다.

금강조 측의 설명에 따르면, 그 옛날 언제부터인가 이 행사를 했다고 하는데, 유래는 성덕태자가 사천왕사를 창건할 당시 백제로부터 건너온 네 명의 기술자 중에 금강리융을 사천왕사의 정대공(正大工)으로 임명한 후 그러한 의식을 매년 치르도록 명령했다는 것이다.

사천왕사가 완공된 것이 서기 593년의 일이니까 전나시키라는 이 의식은 서기 593년부터 행해졌다고 할 수 있다. 여기서 한 가지 얘기하고 넘어가야 할 것이 있다.

▲ 전나시키 때의 40대 금강정화 씨

축문의 내용

바로 축문의 내용이다.

금강리융 사장이 읽은 축문의 내용은 사실 심상치 않은 것이었다. 왜냐하면 거기에는 그들의 조상이 어떻게 건너와 사천왕사 건립에 참여했다는 언급이 있었기 때문이다.

금강 사장에게 그 축문을 보여달라고 요청했다. 그러나 금강조 측은 축문은 신께 바치는 것이므로 인간에게는 보여줄 수 없다고 거절했다. 몇 번의 요청이 있고 나서 결국 금강조 측에서 그것을 공개했다. 그 내용은 이러하다.

> *먼 옛날 팔이황자께서 우리를 바다 건너 백제국으로부터 부르시어 우리에게 일을 주시고 우리에게 봉록을 주시어 세세천년 우리가 사천왕사를 지키고 가업을 잇게 하여 주시었으니 우리는 매년 정월 열하루 날을 기해 그 은혜를 갚고자 하나이다.*

여기서 팔이(八耳)황자는 성덕태자를 말함이다. 팔이 즉 귀가 여덟 개라는 말은 귀가 여덟 개가 아니라 귀가 많다는 뜻이고, 이것은 달리 말해 남의 말을 귀 담아 잘 듣는 즉 백성의 의견을 잘 수렴하는 현군이라는 의미이며 또 다른 하나는 성덕태자는 한꺼번에 여덟 사람과 동시에 다른 문제를 토의할 수 있는 능력을 가진 사람이라는 뜻이다.

오늘날 바둑의 고수들이 8면기 즉, 여덟 명의 바둑판을 상대로 혼자서 바둑을 둘 수 있는 것처럼, 성덕태자 역시 여덟 사람과 동시에 대화할 수 있는 능력을 가진 인물이었다는 것이다.

그런 연유로 사천왕사의 대웅전 안에는 성덕태자가 부처님과 같은 반열에 모셔져 있는 것을 볼 수 있다. 즉 성덕태자는 인간의 몸으로 지상에 왔으나 그는 생전이나 사후에나 부처님의 반열에 있었다는 것이다.

이렇게 그날의 엄숙한 행사는 끝났다.

사천왕사 공사 때의 노동자들의 식단

당시 공사에는 수천 명의 기술자와 노동자들이 동원되었다. 금강 중광과 같은 공사감독관은 비교적 좋은 대우를 받으면서 일을 했고, 그 밑에서 각 부문의 공사를 맡았던 공사기술자들도 비교적 좋은 대우를 받았으나 일반 노동자들은 매우 힘든 공사였다.

당시 일본에서는 절이나 궁궐 등의 건물을 신축하게 되면 농번기를 피해 백성을 징발했다. 그러나 너무 힘든 중노동이었기 때문에 징발된 백성들은 죽거나 다치거나 영양실조로 사망하는 경우가 많았다. 따라서 징발령이 떨어지면 산속으로 도망가는 농민들도 부지기수였다.

공사에 징발된 노역자들의 식단을 보면 그들이 공사에 동원되어 일을 하다가 죽을 수밖에 없었던 사정을 짐작하게 된다. 당시 노역자들에게 제공된 식사는 보리밥 한 그릇과 소금, 미역, 국 한 그릇이 전부였다.

현대의 식품영양학자들이 그 식사량을 그대로 재현하여 분석해본 결과 노역자들의 식사가 인간에게 제공할 수 있는 칼로리는 총 407칼로리였다. 한 끼니당 407칼로리 정도의 식사를 제공받았는데, 그것도 하루에 세 끼가 아니라 두 끼였다. 고대에는 사람이 두 끼 식사밖에 하지 않았던 것이다.

오늘날 30대 남성이 하루에 필요한 열량은 2,450칼로리이다. 그러나 당시 노역자들이 섭취한 열량은 불과 814칼로리 정도였던 것이다. 절대적인 영양부족 상태에서 공사에 동원되어 무려 6년간 공사 현장에서 일했다. 따라서 상당수의 노역자들이 공사가 채 끝나기도 전에 영양실조로 사망했을 것이다.

일반 노역자를 지휘하던 기술자 집단의 경우 그들은 매 끼니마다 평균 725칼로리의 음식을 제공받았다. 그 식단의 내용을 보면,

보리밥 한 그릇, 생 오이 한 개, 생선구이 2마리, 미역 한 접시, 생채소 한 접시, 소금, 막걸리 한 잔, 약초죽

등이었다. 이 모든 것의 열량을 학자들이 계산해 보니 725칼로리가 나오고 그들은 하루에 두 번 식사를 해서 1450칼로리의 영양분을 섭취한 걸로 나온다. 그들 또한 현대인의 하루 섭취량에 비해 약 1000칼로리가 부족하다. 그들 역시 사천왕사의 공사는 힘에 부쳤을 것이다.

반면에 공사를 책임지고 있던 감독관의 경우는 매 끼니마다 약 1245칼로리의 식단을 제공받았다. 그 식단을 보면,

흰 쌀밥 한 그릇, 멸치 등 생선이 들어간 국 한 그릇, 은어구이 2마리, 미역무침, 도미무침, 전복과 성게알무침, 한천 한 접시, 강낭콩, 호도와 귤, 간장, 소금, 청주 한 사발에 치즈

이렇게 제공되었다. 공사감독관들은 일반 감독관이나 노역자들과는 다르게 보리밥이 아닌 쌀밥을 제공받았으며, 반찬 또한 양질의 것을 제공받았다. 그 중에서도 특히 눈길을 끄는 것은 공사감독관들에게 치즈가 제공되었다는 것이다. 지금부터 무려 1500년 전에도 일본에는 치즈가 있었다.

당시 일본인들이 먹던 치즈는 소의 젖으로 만든 것이 아니라 염소의 젖으로 만든 것이었다. 염소젖으로 치즈를 만드는 제조기술은 유럽 쪽에서 건너온 것이 아니라 아시아 북방의 유목민들이 만들어 먹던 것이었다.

치즈를 만드는 기술은 만주에 살던 고구려 민족의 기술이었다. 즉 고구려는 만주 지역의 유목민들과 이웃하고 있었고 그들로부터 치즈를 만드는 기술을 배워 이미 그들 자신이 치즈를 상식하고 있었던 것으로 보인다. 바로 그 기술이 일본까지 전파된 것이다.

실제로 나라현 아스카 지방의 기념품 판매소에 가면 전통방식으로 만든 염소 치즈를 팔고 있었다. 나도 그걸 일부러 사서 먹어본 적이 있는데 카라멜만한 사이즈로 아주 딱딱하게 만들었고, 오늘날 우리가 먹는 치즈 보다는 맛이 없었다.

고구려 문화의 전파

서기 500년대의 일본에는 고구려의 문화가 많이 건너갔다. 이미 알려진 사실이지만, 일본 나라 지역에서 발견된 기토라 고분의 경우 발굴 당시 거기에 그려진 벽화가 일본과 한국의 사학계에 큰 충격을 던져준 바 있다.

기토라 고분의 천장에 그려진 벽화는 천문도였다. 그 천문도에는 북두칠성과 북극성, 황소자리, 오리온 자리, 시리우스 자리 등이 표시되어 있었고, 원으로 태양이 지나는 길인 황도와 적도가 표시되어 있었는데, 그 별들의 위치와 운행궤도를 분석해본 결과, 밤하늘의 관측 지점은 북위 38~39도 사이에 있는 황해도와 평안남도 경계선에서 관측되었다는 것으로 결론지어졌다.

관측 시기는 기원전 3세기에서 기원후 3세기 사이였으며 장소를 시뮬레이션 해보니 오늘날 평양쯤이었다고 분석되었다.

당시 그 고분에는 무려 600개의 별과 34종의 성좌가 그려져 있었으므로 일본 동해대학의 정보기술센터는 그러한 별자리를 토대로 관측의 위치와 시기를 추정해낼 수 있었던 것이다. 결론적으로 말하면 거기에 그려진 천문도는 평양의 밤하늘이었던 것이다.

이러한 사실로 미루어보아 기토라 고분의 부장자는 고구려인의 귀족이거나 왕족으로 결론지어졌다.

오사카에서 과히 멀지 않은 나라 지방에 이미 고구려의 고분이 존재하고 있다는 사실만으로도 고구려와 일본의 문화교류는 짐작하고도 남음이 있다.

▲ 기토라 고분

❖ 나의 경영 아이디어 ❖

❖ 나의 경영 아이디어 ❖

제 4 장

금강조 가문의 역사

족보를 공개하다

▲ 금강조 집안의 1대부터 39대까지의 이름이 적혀있는 족보, 〈출처 : NHK〉

1월 8일. 금강 집안에서 소장하고 있는 족보(사진) 및 가전 문서류

(사진) 일체를 공개했다. 모두 귀중한 물건들이어서 좀체 내놓지 않는 것들이었다. 금강 사장은 외출 중이어서 후지모리 씨가 입회한 가운데 문서가 공개됐다.

내가 금강가의 족보(사진)를 본 것은 두 번째였다. 94년 당시 한국인에게는 처음으로 공개한다고 했다. 그때 한 번 본 일이 있었으나 사실 자세히는 보지 못했다. 인터뷰 시간이 짧았기 때문이다. 그런 터라 99년의 두 번째 공개에서는 충분한 시간을 가지고 열심히 기록하려고 노력했다.

금강가에서 공개한 문건은 모두 14점이었다.

〈금강씨유서(由緖)〉를 비롯한 족자가 8점, 제32대 금강여팔랑(金剛與八郞)의 유언집이 2점, 1883년에 간행된 공장도서(工匠道書) 1점과 〈유류구전(柳流口傳)〉, 〈어수상(御首箱)〉, 〈유씨가계도(柳氏家系圖)〉 등이었다.

우선 제일 관심이 가는 것은 역시 족보인 유씨(柳氏) 가계도였다. 거기에는 제1대 금강중광에서부터 제39대 금강리융에 이르는 금강 집안의 계승자들이 적혀 있었다. 족보는 폭 30센티미터에 길이가 4~5미터에 이르는 비단으로 만들어진 것이었다.

족보가 만들어진 시기는 약 350년 전이라 하는데, 우리나라에는 이 문건이 처음 공개되는 것이므로 후일의 일본 고대사 연구가들을 위하여 그 명단 전체를 밝혀놓을 필요가 있어 모두 기록해 놓는다.

거기에 기록된 39대의 이름은 다음과 같다.

1대 중광(重光)
2대 중추(重秋)
3대 중리(重里)
4대 중유(重由)
5대 중성(重成)
6대 중의(重儀)
7대 중도(重道)
8대 낭칙(琅則)
9대 중우(重祐)
10대 중병(重並)
11대 중유(重遊)
12대 중실(重實)
13대 중달(重達)
14대 시본(是本)
15대 시방(是房)
16대 중종(重宗)
17대 중계(重繼)
18대 시성(是盛)
19대 중의(重義)
20대 시영(是永)
21대 중영(重永)
22대 중도(重道)
23대 중열(重悅)
24대 중정(重正)
25대 시칙(是則)
26대 중방(重房)
27대 시약(是若)
28대 중구(重矩)
29대 중로(重路)
30대 중춘(重春)
31대 중정(重正)
32대 희정(喜定)
33대 희행(喜幸)
34대 시씨 (是氏)
35대 희영(喜永)
36대 중표(重表)
37대 치일(治一)
38대 요시에(37대 治一의 부인)
39대 리융(利隆)
40대 정화(正和)

이 족보를 보면 금강 집안은 주로 무거울 중(重)자를 돌림자로 취했음을 알 수 있다.

그러다가 제8대에 이르러 느닷없이 랑칙(琅則)으로 이름이 바뀌어 버린다. 이 대목은 금강조 집안 자신들도 그 연유를 알지 못했다. 너무 오래전 일이고 거기에 관한 기록도 없기 때문이다. 다만 금강조

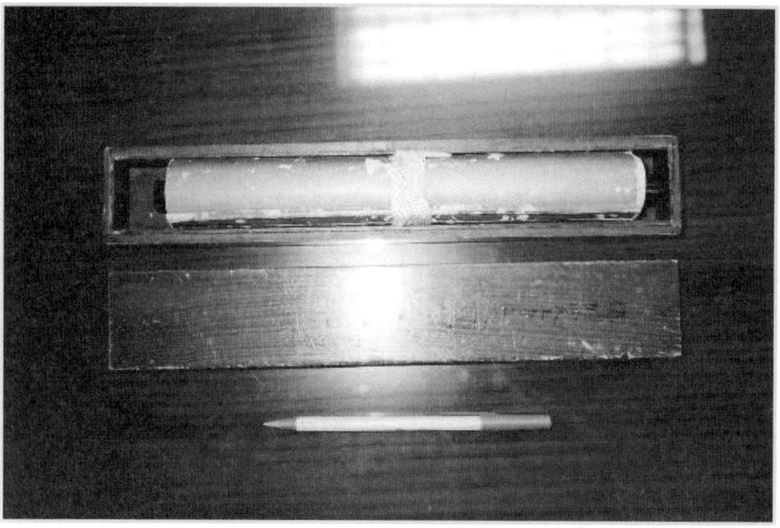

▲ 금강조 족보, 〈필자 촬영〉

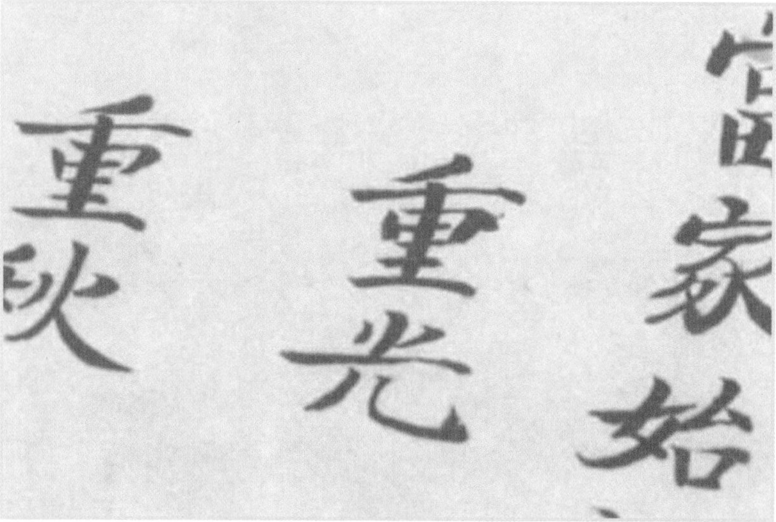

▲ 금강조 족보에 보이는 제1대 조상 금강중광의 이름, 〈출처 : NHK〉

집안은 40대를 내려오면서 직계, 방계 자손이 약 5~6천 명에 달해서 8대 계승자는 미루어 짐작컨대 방계 자손 중, 가장 가까운 인척을 양자로 들인 경우라고 추측된다.

일본 사회에서는 자식이 없을 경우 양자를 들이는 것은 아주 흔한 일이고 자연스러운 일이므로 그는 양자일 가능성이 많다.

또한 14, 15대의 경우도 돌림자가 시(是)로 바뀌었는데, 이 경우도 양자일 가능성이 높다. 18대, 20대, 25대, 27대의 경우도 돌림자 시(是)로 바뀌고 있으며 32, 33, 35대의 경우에는 기쁠 희(喜)로 돌림자가 바뀌었다. 이 경우도 정상적인 직계 대물림은 아닌 것으로 보인다.

32대 양자 금강희정, 금강조를 물려받다

32대 금강희정은 양자로 들어와 금강조의 대를 이은 경우이다. 그는 오사카 부의 류(柳)씨 가문에서 출생했다. 오사카의 류씨 가문은 1대 창업주인 금강중광의 후손으로 금강중광의 자손만 약 6천 명에 달했다.

금강희정은 닛코(日光) 지방에서 대공으로 일하다가 닛코의 주지가 그의 성실하고 뛰어난 대공의 기량을 보고 1786년 경 교토로 데리고 와 대공 일을 시켰다. 예상대로 그는 교토에서 기술로 인정받았다.

그 무렵 금강조에는 후계자가 없었다. 금강가의 핏줄을 받고 대공으로 일하는 희정이라는 사람이 닛코에 있다는 것을 안 금강가는 그를 금강가의 양자로 받아들이게 된다.

사천왕사 금당을 재건할 때 그가 만든 1/20 설계도가 지금도 남아있는데, 그 설계도를 본 건축 전문가들은 그가 대공(목수)으로서 매우 우수한 기술자라고 평가한다.

그러나 그는 나이가 들면서 건강이 좋지 않아 오랫동안 병마와 싸웠다. 머지않아 죽음이 다가올 거라는 사실을 느끼고 있었던 그는 후계 문제를 생각할 수밖에 없었다.

당시 희정에게는 세 명의 자식이 있었다. 장남은 아버지처럼 몸이 약했고, 나머지 두 사람은 너무 어렸다. 하는 수 없이 그는 22세인 장남 희행에게 가업을 잇게 했지만, 장남은 26세에 큰 병을 얻어 더 이상 일을 할 수 없게 되자 은퇴했다. 그가 금강조의 33대이다.

희정은 차남 희성에게 가업을 잇게 하지만, 당시 겨우 15세였고 일을 배우기엔 나이가 너무 어렸다. 희성 본인 또한 일을 배우려는

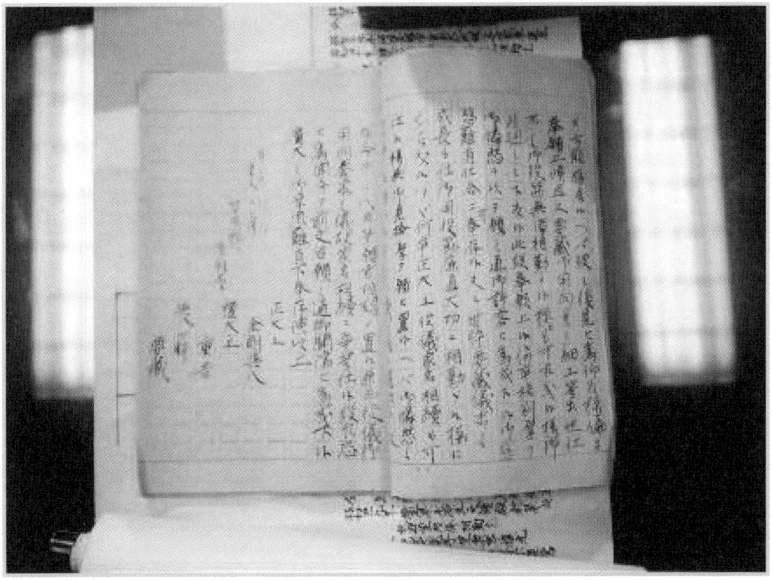

▲ 32대 금강희정이 자손들에게 남긴 당부사항을 적은 노트

의지가 없었다. 결국 그도 물러난다. 그가 바로 34대인 희성이다.

다시 후계자로 올린 것은 희정의 3남인 희영으로, 당시 그도 나이가 16세로, 35대 계승자가 된다. 그는 열심히 일해서 여러 가지 성과를 냈으나 34세에 세상을 떠나고 만다.

이로서 초대 창업주인 유중광의 후손들은 사실상 본가와의 혈연관계가 끊어진다. 금강 가문은 여자 자손은 번창하지만 남자 자손은 손이 귀하고 일찍 단명하는 특징을 갖고 있었다.

32대 희정은 42세에 사망하기 전, 금강조가 노렌(기업의 문양을 새긴 발)을 세세천년 영구히 이어지게 하려면 어떻게 해야 할지를 깊이 고민했으며, 그가 자식들에게 남긴 유언서는 지금도 남아있다.

이어 금강조는 36대로 넘어간다.

36대 금강조의 후계자는 금강중표이다. 그는 금강조 류씨 가문의 직계가 아닌 방계로, 그가 금강조 36대로 추대된 것은 직계, 방계를 떠나 회사의 업무나 기술, 경영을 제대로 수행할 만한 사람 중에서 신체가 건강하고 열의가 있는 사람을 찾게 된 결과였다.

▲ 1930년대 금강조 직원들의 모습

36대 금강중표는

당시로서는 비교적 장수한 나이인 49세까지 금강조를 이끌었고, 금강조를 반석 위에 올려놓은 인물로 평가받는다.

이후 금강조는 37대 금강치일로 넘어가고, 이 사람은 바로 39대 금강리융 사장의 장인이 된다. 37대 금강치일의 경우는 금강가가 최대의 비극을 맞은 경우이다.

37대 금강치일의 할복자살

금강치일은 1932년 9월 할복자살했다. 그가 자살하게 된 것은 그의 대에서 회사가 망했기 때문이었다. 당시 회사가 망한 원인은 금융 대공황 때문이었다.

1929년 미국에서 시작된 금융공황으로 미국 경제가 파탄 나고, 이어 독일의 도이체 뱅크가 파산했다. 그 여파는 일본에도 넘어와서, 일본도 연일 실업자가 쏟아졌다.

〈대학은 나와도〉라는 책은 그 당시의 상황을 반영한다. 취직이 안 되어서 대졸자들이 연일 거리로 뛰쳐나와 데모를 하는 상황이었다. 이런 와중에 절을 지으려는 주지는 아무도 없었다. 결국 100명에 달하는 종업원의 봉급을 주지 못하자 그들은 하나 둘씩 회사를 떠났다.

그는 37대까지 1400여 년간 이끌어오던 회사가 망할 지경이 되자, 마지막까지 회사에 남아있던 2명의 직원들에게 회사를 사직할 것을 권유했다. 그러나 그들은 월급을 받지 못하더라고 계속 일하겠다고 고집했다. 그 두 명의 직원들은 자기 당대에서부터 금강 집안과 함께 일한 것이 아니라 벌써 여러 대에 걸쳐 일을 해왔으므로 경기가 어려워 봉급을 못 받는다고 해서 회사를 그만둘 수는 없다며 사직을 사양했던 것이다.

1933년 9월 26일, 아침.

금강치일은 하얀 소복을 입고 금강조 본사를 나섰다. 본사 건물에서 우측으로 불과 50m를 걸어가다가 우회전하면 바로 사천왕사 서

▲ 무로토 태풍으로 도괴된 사천왕사

문이 나오고 서문을 지나면 금강조 집안의 부도탑이 여러 채 서 있는 묘지가 있다.

금강치일은 묘지 쪽으로 걸어갔다. 아직 채 여름이 지나지 않은 더운 날이었다. 그리고는 조상의 묘 앞에 서서 묘를 하염없이 바라보더니 무릎을 꿇었다.

금강집안의 선산은 사천왕사 안에 있다. 사천왕사를 그의 조상이 지었으므로 사천왕사 측에서 묘를 쓰도록 배려했던 것이다.

금강치일은 조상의 묘 앞에 가서 술을 따른 후 이렇게 말했다고 한다.

"지금까지 37대 1300여 년간 조상님들이 회사를 잘 이끌어오셨으나 저의 때에 와서 이렇게 망했습니다. 가업을 지키지 못하고 회사가 망하게 되어 조상님들에게는 면목이 없습니다. 무려 1000여 년간 지켜오던 가업을 지키지 못했으므로 조상님 앞에 죽음으로써 참회하겠습니다."

그리고는 품속에서 뭔가를 꺼냈다. 가위였다. 그는 가위로 목을 세게 찔렀다. 대동맥이 끊어지면서 피가 솟구쳤다. 그때 먼발치에서 그 광경을 지켜보던 사람이 있었다. 금강치일이 평소와는 다른 하얀 소복을 입고 걸어가는 광경이 좀 이상했던 것이다. 그는 금강조 직원이었다. 그는 현장으로 뛰어갔고, 솟구치는 피를 옷으로 막으면서 의사를 소리쳐 불렀다.

그러나 금강치일은 그 현장에서 사망했다. 향년 55세로 그렇게 생을 마감했다. 금강 집안 1400년 동안, 전대미문의 사건이 발생했던 것이다.

당시 금강조가 망하게 된 배경을 금강리융 사장은 '영업의 부재' 때문이었다고 설명했다.

금강치일은 상당히 고지식하고 자존심이 센 사람이었기 때문에 주는 일감만 받았지 스스로 일을 따오는 방식을 전혀 받아들이지 않았다고 한다. 더구나 사회의 분위기가 분위기인 만큼 절을 신축한다든지, 증축하는 등의 일감도 없었다. 그런 상황에서 오는 일감만을 기다리는 것은 사실상 앉아서 죽음을 기다리는 것과 크게 다르지 않았다. 결국 회사의 재정이 한계에 부딪치자 그는 마지막 선택을 하게 된 것이다.

37대 금강치일의 자살은 그의 고지식한 성격과 사회환경이 빚어낸 복합적인 것이었다고 볼 수 있다.

38대 장한 어머니 금강요시에

초상을 치른 사흘 후, 금강치일의 부인 금강요시에(1894~1975)는 소복을 입고 사천왕사를 찾아갔다. 아직 남편의 3년 상이 끝나지 않았기 때문이다.

사천왕사의 기노시다(木下) 주지를 만났다.

"제 남편이 돌아가신 얘기는 알고 들어서 계시리라 믿습니다. 남편은 세상을 떴지만 그렇다고 금강조가 망할 수는 없습니다. 저희는 지난 1400년간 사천왕사를 위해 일해 왔습니다. 주지스님께 부탁이 있습니다. 저를 금강조의 38대 정대공으로 임명해주십시오."라고 부탁했다.

주지스님은 심히 걱정 어린 표정으로 물었다.

"여자의 가녀린 팔로 정대공을 할 수 있겠는가?"

"목숨을 걸고 해내겠습니다."

금강조 집안의 역사에는 1932년 9월 11일, 금강요시에가 정대공으로 정식 취임했다고 기록되어 있다. 그럴 수밖에 없는 것이 금강요시에에게는 자식이라곤 아직 어린 세 딸 뿐이어서 본인이 금강조의 위기를 돌파하지 않으면 안 될 상황이었다.

이렇게 해서 금강요시에는 38대 정대공이 된다. 금강조 40대 역사상, 최초의 여성 정대공이자 금강조 족보에 여성의 이름을 올린 최초의 경우이다.

産經新聞

関西の力 CHIKARA

第1部 伝統の力

【金剛組】

① 世界最古の企業

② 初の女棟梁

③ 倒産の危機

④ 次世代育成

多難の五重塔 再建の自負

「命がけでやります」 四天王寺にかけた思い

昭和の国宝

▲ 금강조를 위기에서 건진 38대 사장 금강요시에 관련 신문기사

금강조 오중탑

오중탑의 재건과 금강조의 부활

1934년 9월 21일, 제1호 무로도(室戶) 태풍으로 사천왕사의 오중탑이 무너졌다.

사천왕사 오중탑의 도괴는 오사카 시민들에게 큰 충격을 주었다. 오사카는 도쿄와 달리 불국토의 나라였고, 오사카 시민들의 선조는 상당수가 백제 출신이었다. 사천왕사는 오사카에서 가장 오래된 절이자, 최대의 규모이다. 초기 백제 이민자부터 현재까지 오사카 시민의 정신적 구심점이다.

사천왕사 주지는 사천왕사 내의 오중탑(높이 48미터) 재건을 금강조의 38대 정대공 금강요시에에게 맡겼다.

일본 역사상 최초로 사찰의 거대한 오중탑 공사가 여자에게 맡겨졌다. 금강요시에는 흩어졌던 궁대공들을 불러 모으고 오중탑의 건설을 시작했다. 금강조가 오중탑을 다시 세운다는 소식이 알려지자 그 소식을 들은 오사카 시민들을 비롯해서 전국적으로 100만 명이 넘는 사람들이 성금을 보냈다. 오중탑의 재건, 아니 사천왕사의 재건을 그처럼 열망했던 것이다.

그러나 무려 48미터, 즉 16층 높이나 되는 나무탑을 다시 세우는 일은 쉽지 않았다. 과거 한반도의 통일신라시대에는 80미터까지 되는 목탑이 존재했었는데, 바로 경주에 있었던 황룡사 9층탑으로 서기 645년에 건립된 목탑이었다.

하지만 현대의 토목기술로는 34미터 이상의 목탑을 세우는 것이 불가능하다고 한다. 30여년 전 충청북도 진천에 있는 보탑사에서도 목수 신영훈의 설계로 한국 최고의 목탑을 세우기 위해 설계를 하고 실제로 지어본 결과, 상단 무게의 하중 때문에 34미터 이상이 불가능하다고 판단해서 34미터로 완공되었다.

결국 사천왕사의 오중탑은 과거의 장대한 목탑을 포기하고 철근 콘크리트로 골조를 세우게 된다. 그 안에 필요한 나무는 소 달구지를 이용해서 나라 현에서부터 가장 품질이 좋은 노송을 운반하여 건설했다.

오늘날에도 48미터 정도가 되는 노송은 구하기 어렵다. 지금 일본에서 그 정도로 자란 노송이 있는 지역은 나라 현의 산속이거나 와카야마 현 정도에 불과하다.

거리상으로 보면 나라 현이 오사카와는 차로 한 시간 거리로 훨씬 가깝다. 특히 나라 현은 주민들이 오래된 노송을 베지 않고 보전해 오는 풍속을 가지고 있었다. 먼 훗날 이러한 공사가 벌어졌을 때 쓰라는 배려였다.

철근 콘크리트 골조라고 해도 높이가 무려 48미터나 되는 탑을 세우는 것은 당시 기술로서는 쉬운 일이 아니었다. 금강조의 기술이 뛰어나다고 하지만 철근 콘크리트로 탑을 세우는 일은 경험이 별로 없었던 것이다.

당시 금강조는 사천왕사 오중탑의 설계를 지금은 작고한 아마이소 토시이치(天沼俊一) 박사에게 맡겼고, 현장감독은 오우라 도쿠타로(大浦德太郞) 씨에게 맡겼다. 금강치일의 부인 금강요시에는 정대공으로서 소복을 입은 채 금강조 직원들을 데리고 현장에서 무려 11년간 공사를 진두지휘했다.

금강조 집안에서 보여준 사진을 보면 금강요시에 여사가 하얀 소복을 입고 남자들만이 일하는 거친 공사현장에서 일하는 광경이 남겨져 있다.

당시 그 사진은 오사카의 일간 신문에서 취재한 것으로, 일간신문에서는 '장한 어머니'라는 제목으로 금강요시에 여사의 활약상을 그리고 있었다. 결국 금강요시에 여사의 그러한 모습은 도쿄의 일간신문에(사진, 1933년 6월 20일자 산케이 신문)까지 게재된다.

어느날 도쿄의 일간신문에서 금강요시에 여사의 신문기사를 읽은 일본 천황 히로히토는 오사카까지 내려와 금강요시에 여사의 어깨에 손을 얹고 격려해주었다. 이에, 흩어졌던 미야다이코(궁대공)와 직원들은 일심합력하여 오중탑 재건에 힘을 더했다.

오중탑은 1940년 3월 13일 밤 완공되었다. 탑이 완공되고 낙성식이 있던 날, 수만 명의 시민이 금강조에 집결했다. 무려 8백 명의 합창단이 찬불가를 부르고 50여 명의 악사들이 연주했다. 공사관계자와 금강요시에 여사 모두 눈물을 흘렸다.

할복자살로 남편을 잃고 가녀린 여자의 몸으로 금강조를 다시 일으켜 세운 금강요시에. 오중탑의 재건과 함께 금강조도 다시 살아났다. 금강요시에는 그 후 회사를 직접 경영하다가 1950년 금강조를 데릴사위인 39대 사장 금강리융(당시 26세) 사장에게 넘겼다.

39대 금강리융

▲ 선산의 39대 금강리융 사장

여기서 39대 금강리융 사장에 대해 잠깐 얘기하고 넘어간다.

금강리융 사장 역시 직계는 아니다. 그는 1924년 후쿠이 현의 삼엄사(森嚴寺)라는 절집에서 차남으로 태어나 1944년 후쿠이 공고 건축과(오늘날 후쿠이 대학)를 졸업하고 군대생활을 마친 후 쿠마가이라는 건설회사를 다녔다. 쿠마가이라는 회사에서 매우 유능하고 성실한 기술자라는 평을 받고 있었다 한다. 이 소문을 들은 금강조 가문은 그를 평사원으로 금강조에 입사시켰다.

소문대로 그는 유능하고 성실한 사람이었다. 그러한 모습을 지켜본 금강조 집안은 그를 1947년 금강조의 3녀 금강광자(곤고 미츠코)와 결혼시켜 금강 집안의 데릴사위로 받아들였다. 그리고 1955년에 금강조가 주식회사가 될 때 전무로 승진했다.

금강조를 개인기업에서 주식회사로 바꾼 사람도 바로 금강리융이었다. 금강조는 금강리융이 입사하면서 역사상 가장 중흥기를 맞이한다. 회사의 규모도 열 배 이상 커졌고, 회사의 이미지도 현저히 개선되었다. 1967년 금강조의 대표이사로 취임한 후, 2013년 12월에 타계했다. 금강조에 총 56년간 제직하여 역사상 가장 오래 근무한 사람이 되었다.

그러니까 금강조의 역사에는 직계가 아닌 사람이 금강조의 대를 이은 경우가 매우 많았던 것이다.

“술을 마시지 말라!”는 유언

다시 금강조 측에서 공개한 문건으로 이야기를 돌린다.

공개된 문건 중에서 흥미를 끄는 것은 32대 금강희정 여팔랑(與八郎)의 유언집이었다. 그 유언집은 약 50페이지 정도의 작은 소책자로, 여기에 쓰여진 내용에는 이런 내용이 있었다.

1. 유불신 3교의 책을 읽어 세상과 사람을 알고,
2. 견적 입찰에 주의해서 끝까지 마음에 어긋남이 없이 잘 기록해 놓을 것이며,
3. 금강조의 나아갈 방향을 써놓고 그것을 추구하면서 처음의 마음으로 돌아가 일에 중요성을 느끼며 기술자들에게 가르쳐야 한다.
4. 목수로서 기본적인 마음을 구체적으로 나타내야 하며 능력이 없는 자에게는 공사를 맡겨서는 안 된다.
5. 술을 많이 먹지 마라.

이처럼 금강조 집안이 1400년을 유지해오기 위해 얼마나 섬세한 부분까지 신경을 썼는가 하는 것을 느끼게 해준다. 그 중에서도 흥미를 끄는 것은,

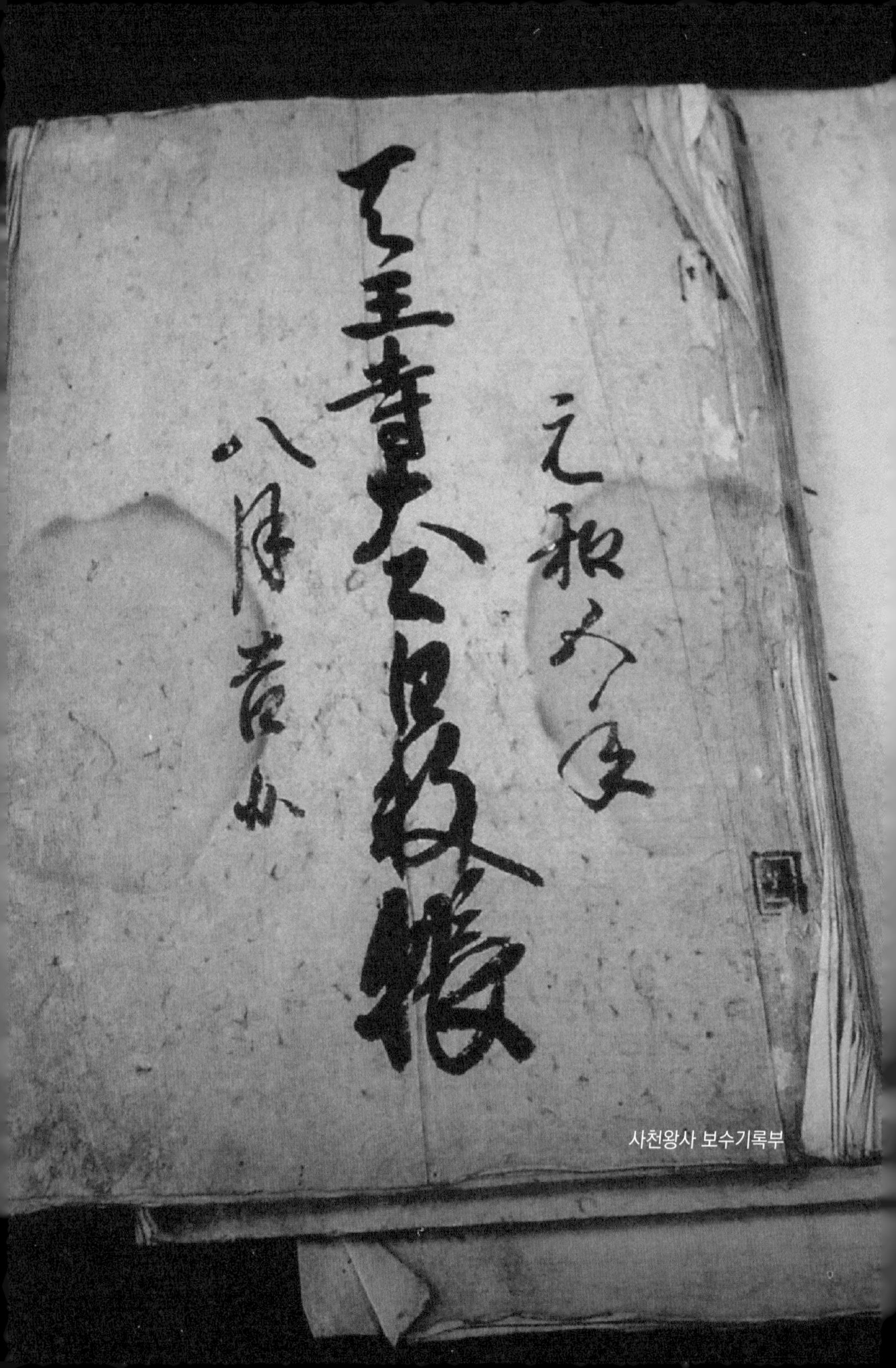

사천왕사 보수기록부

첫째, 선조의 묘에 매년 헌향하라.
둘째, 안 좋은 일이 있을 때는 친척들이 모여서 상의하라.
셋째, 술을 많이 마시지 말라.

첫째 유언인 선조의 묘에 매년 헌향하라는 것은 금강조 집안의 조상숭배에 대한 정신을 알 수 있다. 서기 578년 회사를 창업한 이후 금강조 집안은 자신들의 조상에 대해 끔찍할 정도로 외경심을 가지고 사업을 해왔다. 그러한 전통이 면면히 이어져 내려오고 있는 것이다.

둘째로, 안 좋은 일이 있을 때는 친척들이 모여서 상의하라는 말은 금강조 집안의 단합을 나타낸다. 금강조가 제1대에서부터 제40대에 이르는 동안 그들의 친척은 오사카를 중심으로 그 인근에 약 5~6천명이 살고 있는 것으로 추정되고 있다. 그 중에서도 오사카에 사는 8촌 이내의 인척들만 해도 수백 명이 된다. 물론 그들은 대부분 금강조와 사업적인 관계가 없지만 일부는 금강조의 간부나 협력업체의 간부로 근무하는 사람도 있다.

금강조의 신년행사가 사천왕사 금당 안에서 있었을 때 사회를 본 야마토 영업과장도 금강조의 핏줄이다. 그의 집안은 도중에 금강조라는 성을 버리고 야마토라는 성으로 분가한 사람이었다. 하지만 그들은 금강조와 사업적으로 관계가 없다 하더라도 금강조를 자신들의 정신적 구심점으로 생각하고 있으므로 금강조가 흔들릴 때마다 대소사를 함께 의논해왔던 것이다.

셋째로 술을 많이 마시지 말라는 유언은 술을 많이 마시면 내일의 일에 충실할 수 없을 뿐더러 회사까지 말아 먹는다는 경고가 담겨 있다.

이후 1868년 메이지 유신 때는 메이지 정부의 '폐불훼석'이라는 불교 탄압 정책에 따라 사천왕사가 거느린 농지 대부분을 국가가 박탈했다. 그때 궁대공에게 보조되던 사천왕사의 지급금도 현저히 깎여 연간 직원 1인당 쌀 6가마니 9되로 조정되었다.

금강조가 사찰 건립 수주에 본격적으로 나선 때가 바로 이 무렵이었다. 그 전까지 금강조는 사천왕사 및 그 말사의 보수, 수리, 재건 등을 책임지면서 절 측으로부터 일정액의 지원을 받고 있었다.

그 다음으로 눈길을 끄는 문서 중에 〈공장도서(工匠圖書)〉가 있다.

이 공장도서는 여러 권이었다. 가장 오래된 것은 400년 전의 것으로 사천왕사의 보수기록부이다. 즉 사천왕사 내의 건물을 수리했을 때 어느 부분을 어떻게 고쳤는지를 그림과 글씨로 자세하게 기록해 놓은 것이다.

또한 1883년에 작성된 〈공장도서〉의 경우는 사천왕사의 오중탑을 인간의 신체에 비유해 그림으로 그려놓고 거기에 삼각함수까지 동원하여 이미 상당히 고차원적인 현대 수학의 개념이 도입되었음을 알게 해준다.

금강조의 뿌리는 문화 류씨

마지막으로 대단히 의미심장한 문건은 〈류씨(柳氏)구전〉과 〈류씨가계도〉였다. 류씨구전과 류씨가계도는 모두 만들어진 지 그리 오래된 문서들은 아니었다.

〈류씨구전〉은 한지로 색이 바래있었으나 2백년이 넘지 않는 붓글씨로 쓰여진 필사본이었는데, 초서로 쓰여 있어 해석하는 데는 시간이 좀 걸리는 문서였고, 〈류씨가계도〉는 만들어진지 250년이 된 것이라 했다.

〈류씨가계도〉의 경우 금강 씨 족보와 마찬가지로 금강 집안의 1대부터 39대에 이르는 사람들의 이름이 적혀 있었는데, 그것은 바로 금강 씨의 본래 성이 버들 류씨였음을 나타내고 있었다. 즉 그들의 성은 본래 류(柳)씨였던 것이다.

훗날 집에 돌아와 그들 집안의 족보를 추적해보니 그들은 전주에 본관을 둔 문화 류씨였다.

전주 문화 류씨 종친회에 전화를 걸어 서기 578년 경 일본으로 건너간 류중광이라는 사람이 족보에 등재되어 있는지를 물었다. 문화 류씨 종친회 측에서는 그렇게 오래된 사람의 이름은 족보에 등재되어 있지 않다고 답변했다.

우리나라의 족보로 이름을 확인할 수 있는 것은 조선시대 사람까지이고, 그 이전의 인물들은 중시조 정도만 가능하다는 것이다. 류중광의 이름을 문화 류씨 족보에서 찾을 수 없는 것은 대단한 유감이었다.

한국의 족보학은 세계적으로도 유명하다. 그럼에도 불구하고 1000년이 넘는 사람의 이름은 찾을 수가 없다.

그러나 전남 구례군의 99칸 가옥인 운조루의 경우 1대 당주 이름이 조선조 때의 류이주이고, 그는 문화 류씨라고 밝히고 있으며 그 뿌리는 경북으로 나와 있다. 이 대목은 좀 더 조사해서 보강해야 할 부분이다.

1대조인 류중광의 이름이 금강중광으로 바뀐 것은 그의 탁월한 건축 솜씨를 본 용명천황(585~587)이 그에게 '금강'이라는 성을 하사했기 때문이다. 이후 류씨들은 성을 금강 씨로 바꾸고 회사명도 '금강조'로 불리게 되었다. 그렇다면 그들과 함께 일본으로 건너온 나머지 다문, 도자, 중촌의 세 기술자는 어떻게 된 것일까?

세 기술자의 향방

금강 사장의 말에 따르면 사천왕사가 완성되자 성덕태자는 사천왕사를 금강 가문에게 맡기고, 그에 따른 봉급을 주었으며 나머지 세 사람은 오늘날 나라 시의 이카루가(生斑)에 있는 법륭사를 짓도록 명했다는 것이다.

법륭사는 오늘날 일본에서 가장 오래된 목조건축물인 몽전이 남아있는 유서 깊은 사찰이다. 또한 법륭사는 그 전체가 1993년 세계 유네스코 문화유산에 등재된 바 있다.

다문, 도자, 중촌은 성덕태자가 두 번째로 발원하여 짓게 된 법륭사로 가서 그 절을 지었으나 그들은 그후 특별한 봉록을 받지 못하게 되어 건축가로서 대가 단절되고 말았다고 한다.

이 부문은 어떠한 역사책에도 그 설명이 나와 있지 않으므로 일단 금강리융 사장의 가전(家傳)에 의존할 수밖에 없었다.

그러나 여기 실낱같은 단서가 하나 있다.

니시오카는 누구의 자손인가?

니시오카 츠네카츠(西岡常一)라는 목수가 있다. 그는 대대손손 목수의 자손이라고 한다. 그의 가문은 언제부터인지 법륭사의 목수로 일 해왔다고 한다.

법륭사는 그 자체가 유네스코 문화유산이고 세계에서 가장 오래된 1500년이 넘는 목조건물이다.

통상 일본의 학계에서는 니시오카 집안이 약 300년간 법륭사의 목수로 일 해왔다는 것을 인정하고 있다. 그러나 니시오카 자신은 그의 집안이 언제부터 법륭사의 목수로 일 해왔는지는 잘 모른다고 했다. 기록이 남아있지 않기 때문이다. 니시오카 씨는 오늘날에도 일본의 크고 작은 절을 짓는 궁대공(미야다이쿠 : 도목수)이다.

궁대공이란 궁이나 절을 짓는 최고의 목수를 말한다. 니시오카 씨는 어렸을 때부터 할아버지의 손에 이끌려 법륭사 곳곳을 돌아보면서 건축에 대해 배워온 사람이다.

그 후 그는 할아버지의 뒤를 이어 자신의 가업을 잇는 궁대공이 되었고 지금도 절을 짓는 일을 하고 있다. 그가 새 절을 지을 때면 이따금 할아버지가 다녀가곤 했다고 한다. 그러면서 말하기를,

"네가 짓고 있는 절을 돌아보고 느낀 것인데, 한 번 더 법륭사를 찾아가서 중문 기둥이 어떻게 세워져 있는지를 보고 오라."

이렇게 충고하기도 했다.

니시오카 씨는 법륭사를 하나의 거대한 도감으로 삼고 있다. 법륭사 자체가 이미 세계에서 가장 오래된 목조건물이기 때문에 그 건물을 관찰함으로써 새로운 지혜를 얻을 수 있는 것이다.

궁대공 니시오카 씨는 천 년 이상을 지탱하는 건축물을 지으려면 수령이 천 년된 노송을 써야 한다고 주장하는 사람이다. 천 년 자란 나무는 목재로 썼을 때, 역시 천 년을 간다고 믿기 때문이다.

오늘날 법륭사의 골조는 그 절이 세워지던 천오백 년 전 이미 천 년 이상 된 노송을 사용했다. 지금도 법륭사의 목조건물을 수리할 때 기둥의 일부를 대패로 밀어보면 향내가 난다고 한다.

필자는 니시오카 씨의 조상이 혹시 성덕태자의 명령으로, 법륭사를 짓기 위해 건너갔던 다문, 중촌, 도자 중 한 사람의 자손이 아닐까 추측하고 있으나 본인들도 족보가 없어 그 뿌리를 모른다.

❖ 나의 경영 아이디어 ❖

❖ 나의 경영 아이디어 ❖

제 5 장

금강조의 인재 육성

기술자의 분류

지금부터는 금강조가 어떻게 무려 1400년을 이어올 수 있었는가를 알아본다.

우선 목수, 즉 기술자의 육성과 지침이다.

목수는 정대공과 궁대공으로 나뉜다.

정대공은 건축물의 설계, 감독 등 공사전반을 감독하는 총책임자로 경륜이 가장 뛰어난 사람으로 그만한 실력이 있어야 자격을 인정받으며 그 직책은 단 한 사람 금강조 사장뿐이다.

궁대공은 대목수로서 최소한 5년간의 수업기간이 끝나야 한다. 그러나 5년짜리의 궁대공은 없고 경력이 30~40년 이르는 사람들이 대부분이다.

5년 이하의 목수는 아직 견습 기간이므로 정대공이나 궁대공의 지시를 받아 일하는 보조 목수이다.

금강조의 인재 육성 12계명

금강조 39대 금강리융 사장이 금강조 집안 대대로 내려온 인재육성법을 밝힌 바 있다.

1. 시대를 뛰어넘어 긍지를 갖고 일을 하라!

필자는 금강조의 사카이 시 가공센터를 방문했다. 약 4~500평에 이르는 공장 바닥에는 거대한 지붕 한 채가 놓여 있었다. 새로 발주한 사찰의 지붕 전체를 합판과 목재로 똑같은 사이즈로 만들어 시뮬레이션 하는 것이었다. 실제 건물과 똑같은 크기로 만드는 것을 일본어로는 현촌(現寸)이라고 한다. 현촌 크기의 사이즈를 만들어 거기서 발생할 수 있는 모든 문제를 사전에 파악하기 위함이다.

거기서 일하는 숙련공 한 사람, 한 사람은 끌질 한 번을 할 때마다 진지했다. 모형 시뮬레이션이기 때문에 대충 할 수도 있지만, 그야말로 진검승부로 임하고 있었다. 바로 그들의 목표는 자신들이 한 번 지은 사찰이 수십 년을 넘어 수백 년간 존재할 수 있도록 심혈을 기울이고 있었던 것이다.

바로 시대를 뛰어넘은 기술, 시대를 뛰어넘어 살아남을 수 있는 건물을 만들기 위한 진지한 노력이었다. 적어도 내가 만든 건물은 수백 년 정도는 버티게 하겠다는 책임감과 긍지가 대단했다.

2. 신뢰를 잃는 것은 하루아침, 그러나 신뢰를 쌓는 것은 평생 걸린다

금강조의 궁대공, 즉 부문별 목수 최고 책임자는 당대 최고 경지에 오른 기술자들이다. 보통 경력이 4~50년에 이른다. 전통을 지킨다는 것은 단적으로 말하면 궁대공이 가지고 있는 기술을 차세대에 전하는 것이다.

목수의 일이란 여름엔 땡볕 더위를 견뎌야 하고, 겨울엔 추위로 손을 비비면서 해야 하는 고된 직업이다. 이러한 일을 감당해야 하는 직업을 택한 제자들은 궁대공의 말에 절대적으로 복종해야 하고, 또한 매 상황에 따라 지도를 받아야 한다.

나무라는 물건은 속성상 겨울에는 움츠러들어 단단해지고,

여름에는 늘어진다. 따라서 그 편차가 어느 정도 발생하는가를 깨닫지 않으면 안 되는 것이다. 특히 짜맞춤 공법에서는 그것이 굉장히 중요한 문제가 된다.

더구나 편백나무, 노송, 삼나무, 오동나무 등 모든 나무들의 속성이 다르므로, 그 나무의 속성을 오랜 경험을 통해 충분히 이해해서 끌질을 해야 한다.

궁대공에 이르는 4~50년간 그 하나하나의 과정에 충실하지 않으면 부실한 공사가 되고, 그 기술자의 신뢰는 하루아침에 떨어지며, 금강조가 쌓아 올린 1400년의 신뢰도 하루아침에 무너지게 되는 것이다. 따라서 궁대공들은 제자들을 혹독하게 가르친다.

3. 처음부터 정답을 가르치지 마라! 우선은 해보게 하라!

"왜, 내가 하는 것은 제대로 되지 않는가?"

스스로 질문할 수 있는 기회를 주어야 한다는 것. 바로 거기에 공부가 있다는 것이다. 스스로 물어보면서 답을 찾고, 그래도 안 되면 가르쳐야 한다는 것이다. 그래야 뼈속에 기술이 각인된다.

4. 사람의 그릇보다 일하는 자세가 성장을 결정한다

나무를 다루는 실전에서는 그 분위기를 눈으로 아는데 1~2년이면 된다. 즉 사수는 조수에게 일을 하는 요령이나 공정의 분위기를 익히게 한다. 이 기간 동안에는 오직 보는 것뿐 실제로 일을 하진 않는다.

초기 2년이 지나 3년째부터는 실제로 톱으로 나무를 자르거나 끌로 나무를 깎는 일을 한다. 그러나 아무리 뛰어난 사람이라도 그러한 일을 하는 것은 쉽지 않다.

몸이 그러한 일을 하기 위한 자세에 적응되어 있지 않기 때문이다. 몸을 움직이면서도 머릿속에서는 이 나무를 몇 밀리 깎아내야 되는지, 어느 정도 힘을 주면서 깎아야 하는지를 몸이 체득해서 움직여주어야 하는데 그게 쉽지는 않다.

더구나 나무마다 속성이 다르고 그가 자라온 환경이 다르기 때문에 거기에 맞춰서 끌질을 해야 되고, 누르는 힘의 강도도 달라야 한다. 그러나 하다보면, "이 정도로 하면 된다", "이 정도로 하면 안 된다" 는 감이 생긴다. 그렇게 되기 위해서는 필사적으로 노력하면서 몸으로 터득해 나가야 한다.

3년차부터가 목재의 섬세함을 찾아내는 과정인데 여기서는 재능이 영향을 주지 않는다. 경우에 따라 재능이 있는 사람은 터득이 빠른 경우도 있지만, 반대로 3년을 지났는데도 터득이 안 되는 사람도 있다.

오래 하다보면 재미있다는 느낌이 들고 목수의 최고 위치인 궁대공이 단지 재능만 가지고는 되지 않는다는 것을 깨닫게 된다. 즉 몸과 머리가 동시에 가야 한다는 것이다.

사람은 재능이 있는 사람이 있고 없는 사람도 있지만, 열심히 하는 자는 재능이 있는 자를 뛰어넘기 마련이다.

5. 일에 대해 어리광을 부리면 전통을 지키지 못한다

톱이나 끌에 대해 정도의 기술을 익히면 곧 스스로 공사현장에서 자신이 깎은 나무가 건물에 사용되는 단계를 맞는다. 이 단계까지 오르는 데 걸리는 시간은 보통 10년. 일본식으로 말하면 이제 먹줄을 튕길 수 있는 단계이다.

먹줄을 튕긴다는 말은 목재에 먹줄을 쳐서 선을 긋는 일로 건물을 짓는 가장 중요한 단계이다. 즉 도면대로 먹줄을 정확하게 쳐서 그것대로 건물을 완성해 나가는 것이다.

먹줄을 잘못 튕기면 즉, 어리광을 부리면 수십만 엔, 백만 엔짜리 목재를 낭비하게 되지만, 그게 문제가 아니고 공사기간이 늦어진다는 데 더 큰 문제가 있다. 실수가 잦아져서 공사기간이 늦어지면 발주자로부터 공사를 중지시키거나 공사 자체가 취소되는 사태를 불러올 수 있기 때문이다.

일반 가정집을 목재로 지을 경우, 가정집 지붕은 봉옥근(棒屋根)이라 해서 대부분의 목재로 직선으로 가공되어 사용되지만, 사찰의 경우는 시이(矢弛)여서 화살처럼 곡선으로 재목이 가공되어 사용되므로 다시 가공하려면 상당한 시간이 소요되기 때문이다.

따라서 목재가공에는 엄격하고 신중하게 일을 처리해야 되고, 그 정도의 기량을 쌓아야 한다.

6. 눈앞에 있는 일의 의미를 묻고 또 물어라

먹줄 깨나 튕긴다는 말을 들으려면 건물의 전체 설계도, 전체 그림을 확실히 이해해야 한다. 전체 그림을 이해한다는 것은 부품 하나하나, 즉 목재 하나하나를 연결해서 쓰는 일이 아니다. 부품 하나하나가 모여서 전체적으로 어떠한 그림이 나올 것인가를 알아야 한다.

특히 수백 년 전, 혹은 천 년 전에 지어진 사찰을 개보수할 때는 과거 원형 그대로 복원해야 하는데 부품에 매달리다보면 큰 그림을 놓칠 수 있다. 그런 실수가 반복되면 나중에는 본래의 사찰의 모습은 온데간데없고 엉뚱한 건물이 탄생되기 때문이다. 따라서 지금 다루고 있는 목재 하나가 나중에 결합되어 어떠한 형태로 나올 것이며 그 목재를 어떻게 다루어야 할지를 생각하고 또 생각하라는 것이다.

7. 중요한 일에는 실패가 도사리고 있다. 그러나 거기에서 배우면 된다

건축을 하다보면 금강조 직원 외에 다른 직종의 기술자들도 함께 일하기 마련이다. 즉 도장공이나 미장이, 기와 기술자 등 다양한 기술자 군이 참가하며 그들의 도움 없이는 공사가 완성되지 않는다.

따라서 공사를 주관하는 주체는 금강조이지만, 그 기술자들의 의견을 들어야 하고, 그들 또한 한두 사람이 일하는 것이 아니라 팀을 이루어 일하기 때문에 공사책임자인 금강조의 궁대공의 의견을 들어야 한다. 그러므로 공대공의 임무는 사람을 여하히 잘 부리는가가 매우 중요하다.

특히 가장 중심이 되는 대들보를 세울 때는, 대들보 하나의 가격이 천만 원이 넘으므로 하급 직원이 대들보를 제대로 가공하지 않으면 목재비는 물론, 공사 전체에 차질이 생긴다.

그렇다고 모든 일을 궁대공이 나서면 제자 양성이 안 되고 또한 기술전수가 단절된다. 이런 까닭에 실패하더라도 거기서 일을 배울 수 있도록 해야 하며, 우수한 궁대공이라면 제자를 나무라기 이전에 같이 해결할 방법을 찾을 것이다.

8. 젊었을 때는 벽에 충돌하는 경험을 하라

스스로 문제를 해결해보려고 노력하라. 노력을 하다하다 안 됐을 때는 그때 가서 궁대공에게 물어라. 자기 자신이 노력을 기울이지 않고 질문하면 가르쳐주어도 듣는 귀가 생기지 않는다.

벽에 충돌하는 것 같은 행동이 우둔해보여도 그것이 진정한 발전의 지름길이다. 뭐든지 일을 쉽게 배우면 스스로 일을 해결하려는 각성이 일어나지 않는다.

9. 굳이 어려운 길을 선택하라

궁대공의 일은 자르고, 파고, 깎는 것, 세 가지가 전부라고 해도 과언이 아니다. 그렇다고 간단한 것은 아니다. 경험이 많은 궁대공은 일을 쉽게 하는 방법부터 수고를 덜 하고 공사할 수 있는 방법이나 더 나아가 비용이 덜 드는 방법까지 알고 있다. 그러나 그러한 방법을 제자에게 쉽게 가르쳐주는 것은 좋은 방법이 아니다.

예컨대 금강조에서는 문화재 복구처럼 특수한 기술을 필요로 하는 경우가 많다. 오래된 문화재를 복구할 때 가능한 그 문화재 안에 남아 있는 목재 중 쓸만한 것은 모두 최대한 살린다.

사찰이나 신사 등 문화재 수리는 50년이나 100년 단위로 이루어진다. 따라서 해당 문화재를 복구할 때 현장에서 일했던 궁대공이 살아 있는 경우는 극히 드물다. 또한 해당 문화재 복원 공사가 궁대공 자신이 현역으로 있을 때 의뢰가 오는 경우도 드물다.

말하자면 궁대공이라 할지라도 문화재 복구공사가 들어 왔을 때, 자신도 난생 처음 다뤄보는 공사인 경우가 비일비재하다는 것이다. 그럴 경우를 대비해서 어떠한 사안이라도 해결할 수 있는 능력을 길러야 한다. 그것이 바로 어려운 길을 선택하라는 것의 요점이다.

10. 기대되는 인재일수록 상냥하고 엄하게

금강조에서는 아직 일이 서투른 신입사원에게는 일 이외에는 따뜻하게 대해 주지만, 일에 들어가면 아주 엄격하게 가르친다. 처음에 제대로 배워야 훗날 실수가 줄어들기 때문이다. 그것도 1~2년만 그런 것이 아니고 10년간 그렇게 지속된다.

1~2년 정도 일을 하다보면 싫증을 내는 경우도 있고, 아예 사표를 쓰고 시골로 내려가 농사나 짓겠다고 하는 경우도 종종 보게 된다. 특이한 것은 농사나 짓겠다던 사람이 1~2년 후에 농사를 그만두고 다시 직장을 구하러 대도시로 올라오거나 금

강조에 다시 입사하려고 찾아오는 경우이다.

농사도 막상 해보면 쉬운 일이 아니며, 목재로 큰 건물을 완성하는 것도 쉬운 일이 아니다. 농사는 혼자 하는 일이지만, 건물을 짓는 것은 여럿이 힘을 합치고 지혜를 합쳐야 한다. 농사는 망치면 자기 혼자 책임을 지면 되지만, 건물은 망치면 모든 사람, 더 나아가서는 금강조라는 회사가 그 책임을 지게 된다. 따라서 사원교육은 엄격할 수밖에 없다.

11. 현장보다 더 배울 수 있는 장소는 없다

현장에서의 일은 늘 똑같은 적이 없다. 현장에서는 다양한 기술자들이 같이 일을 한다. 일이 매번 다르고 사람이 매번 다르니 일하기가 쉽지 않다. 그만큼 힘들다. 더구나 그러한 일이 평생 계속된다.

따라서 신입사원은 그 현장에서 선배들이 일하고 처신하는 모습을 보면서 성장한다. 사람은 사람과의 관계 속에서 크는 법이다. 현장은 기술을 가장 빨리 배울 수 있는 씨름판이며 또한 사람과의 관계를 가장 빨리 배울 수 있는 곳이다. 현장에 모든 답이 있는 것이다.

12. 목재에서 향기가 나도록

금강조에서 쓰는 나무는 주로 편백나무 즉 히노키이다. 히노키는 향이 아름답고 품재의 질이 좋으며 단단하다. 특이한 점은 좋은 편백나무에 신선한 술을 부어 나무에 스미게 하는 것이다. 그러면 목재 고유의 향과 어우러져 좋은 냄새가 난다. 즉, 목재에서 향기가 나도록 하라.

또 전나하지메에 사용된 나무봉은 오래된 벚꽃나무를 써라. 오래된 벚꽃나무는 매우 단단하기 때문이다. 전나시키를 하러 가기 전에는 손을 깨끗이 씻고 고개를 흔들라. 그러면 악마도 도망간다. 인간은 불순한 존재이므로 깨끗이 하면 신에게 가까이 갈 수 있다.

❖ 나의 경영 아이디어 ❖

제 6 장

금강조 회사의 구조

금강조 본사 구조

"2004년 전까지 금강조는 전체 공사 중 절의 신축과 신사의 건축이 전체 공사의 60%이며, 요양원이나 연립주택 등은 약 40%이다.
금강조는 절이나 신사 공사 부문에서 일본 전국의 10%를 점유하고 있으며 1년에 약 60~70개 정도의 공사를 하고 있었다."

금강조 본사는 사장 금강리융 씨 밑에 외아들이자 부사장인 금강정화 씨가 있고 그 아래 설계부, 야기 부장팀, 이케야마 부장팀, 나오키 부장팀, 자재부, 적산부(積算部 4명) 관동지점 등 6개의 부서 외에 총무부(17명)가 있다.

설계부장은 야부데츠오 씨가 이끌고 있으며 야기 부장과 이케야마 부장, 나오키 부장은 모두 각각 8개의 공사현장을 갖고 있다.

자재부는 이들 공사에 자재를 공급하는 일을 맡고 있고, 관동지점은 노인홈(양로원)이나 연립주택 등의 공사를 하고 있다.

적산부는 공사비 규모를 산출하는 부서이다. 적산부의 부장은 오오모토 마사하루(大本正治)이다.

금강조의 핵심부서인 설계부의 야부데츠오 부장에게 금강조가 추구하고 있는 건물의 가장 이상적인 모델은 일본에서 어떠한 것이 있느냐고 물었다. 부장은 교토에 있는 평등원을 일본 건축의 백미로 꼽았다.

그가 평등원을 일본의 고대 건축물 중에 가장 우수한 건물로 꼽은 이유는 균형이 맞고 밸런스가 잘 잡혀져 있으며 곡선미가 화려하기 때문이라고 말했다.

평등원은 교토의 우치(宇治) 시에 있으며, 현재 세계문화유산으로 등재되어 있는 고찰이다. 평등원이 만들어진 것은 1052년이다. 본래는 관백등원도장이라는 사람의 집이었는데 그것을 절로 만든 것이다. 평등원 내에서 가장 뛰어난 건물로 손꼽히는 것은 봉황당이다. 봉황당은 중당, 양익랑, 미랑 등 4채의 건물로 구성되어 있으며 현재 일본의 국보이다.

1999년 2월, 당시 금강조가 시행했던 공사 중에서 대표적인 공사는 교토의 교토시 서경구 대원야 소염정 1372번지에 있는 서산봉사라는 절과 히라가타 시의 금야본정 1-6-14번지에 있는 진광사였다.

설계부가 하는 일

금강조의 핵심이라 볼수 있는 설계부에 대해 알아본다.

설계부장 야부데츠오(藪哲郎 62세, 99년 당시) 씨는 41년째 금강조에 근무하고 있으며 오사카 공업대 건축학과 출신이다. 그가 16세에 금강조에 입사한 것으로 보아 그는 금강조 근무 중에 대학을 졸업한 것으로 보인다.

야부데츠오 설계부장 밑에는 12명의 설계사가 있다. 그들의 이름은 다음과 같다.

설계 1팀에 오다, 야마오치, 하기노, 야마오치 씨와 부장인 야부데츠오 씨 등 5명.

설계 2팀에 미우라, 후지이, 야마모토, 고지, 곤도, 와이(여사원) 등이 있다.

설계부에 근무하는 직원들은 신입사원부터 베테랑에 이르기까지 다양하다.

예컨대 고지 히로유키(郷司啓之 46세) 씨의 경우 입사한 지 26년이 경과했으며 그는 컴퓨터 CAD로 설계 작업을 하고 있다. 오사카 출신이며 현재 그가 설계하고 있는 공사는 오사카의 팔검신사(八劍神社)이다.

야부데츠오 설계부장이 이끄는 금강조 설계부는 다음과 같은 공정에 따라 일하고 있다.

첫째, 공사 발주자와 회합을 갖는다. 이때 공사 발주자의 요구조건을 상세히 듣는다.

둘째, 발주자의 의사에 따라 기획 설계를 한다.

셋째, 기획 설계안을 공사발주자에게 보여주고 상이한 점을 찾아내서 공사발주자에게 맞는 설계를 다시 한다. 이것을 실시설계라 한다.

실시설계가 끝나면 공사에 착수한다. 공사에 착수하기 전 절이나 신사의 지붕은 그 크기와 똑같이 합판으로 사전에 제작한다. 이것을 원촌도(原村圖)라고 한다. 절이나 신사에서는 지붕의 모양새가 매우 중요하므로 실제 지붕 크기의 합판과 나무로 똑같이 제작해보는 것이다. 이들 기획 설계부가 설계하는 공사 건물은 1년에 150개 정도로 취재 당시에 그들은 32개 공사 현장의 설계도를 맡고 있었다.

사카이 시 가공센터

금강조는 오사카에 3개의 가공센터와 도쿄에 2개의 가공센터를 갖고 있다. 사카이 시 가공센터는 금강조가 처음으로 만든 가공센터이다. 30년 전부터 가공센터를 가동해왔고 여기서 만들어진 현촌도는 현장에서 조립된다.

현촌도(現寸圖)란 대웅전의 지붕 같은 부속물을 그 사이즈의 크기와 또 같이 합판으로 만들어 지붕을 올리기 전 직접 시뮬레이션 해보는 것을 말한다.

그만한 시간과 자재, 노력이 들지만 실제로 현장과 또 같은 것을 만들어 봄으로써 사전에 문제점을 확실히 파악할 수 있기 때문에 그렇게 하는 것이다.

이 가공센터를 만든 것은 금강정화 부사장이다. 그가 주도적으로 결정하여 현재의 가공센터 부지와 건물을 샀다. 물론 부친과 상의는 했지만 그의 독자적인 결정이라고 볼 수 있다. 대지는 950평이며 건평은 500평이다.

사카이 시 가공센터에는 모두 12명이 근무하는데, 이 가공센터를 책임지고 있는 사람은 토이(土居)조이다. 토이조는 엄밀하게 말하면 금강조 직원이 아니다. 금강조와 협업 관계에 있는 한 팀인 것이다.

금강조는 사카이 시 가공센터에 근무하는 토이조 외에 6개의 조, 즉 팀을 가지고 있다. 그 팀들도 또한 금강조와 협업관계에 있다.

금강조 40대 금강정화 씨 인터뷰

▲ 금강조 40대 사장 금강정화 씨, 집무실에서

금강조의 차기 계승자, 즉 40대 사장, 정대공이 될 금강정화 씨와의 인터뷰이다. 그는 금강리융 사장의 외아들이다.

문 : 건축은 어디서 공부했는가?

답 : 미국의 UCLA 대학 건축학과를 졸업했다. 미국에서 8년 살았으며 금강조에는 20년간 근무했다.

문 : 자녀는 있는가?

답 : 딸 둘 있다. 딸들은 스위스 쥬네브에서 유학 중이고 현재 중 3, 중 1이다.

문 : 미국의 건축공법과 일본의 건축공법은 같은가?

답 : 전혀 다르다.

문 : 39대를 이어온 금강조 전통에 대해 어떤 생각을 가지고 있나?

답 : 자랑스럽게 생각한다.

문 : 40대 계승자가 될 예정인데, 전통과 현대의 조화, 혹은 회사를 어떻게 이끌어갈 생각인가?

답 : CAD 등을 도입하여 현대화 작업을 계속 추진할 생각이며, 연립주택이나 아파트, 노인요양원 등 새로운 건설 분야에 진출할 생각이다.

문 : 앞으로 회사의 매출을 늘리고 세계적인 건축회사로 이끌 생각은 없는가?

답 : 회사의 매출 보다는 품질을 유지하는 쪽에 더 신경을 쓰고 있다. 세계적인 건축회사라는 말뜻은 무슨 뜻인지 잘 이해하지 못하겠다. 주어진 일에 충실할 뿐이다.

문 : 현재, 당신은 딸 둘밖에 없다. 금강조의 41대 사장은 누가 될 것인가?

답 : 생각 중이다. 우리 집안은 사위를 받아들여 대를 잇게 하거나 양자를 받아 대를 잇게 한 적이 여러 번 있다. 아마도 그렇게 되지 않을까 생각한다.

문 : 키가 큰데 얼마인가?

답 : 180센티미터의 키에 70킬로그램이다. 중고교 시절에 검도로 체력을 단련했다.

문 : 금강조는 나무의 사용량이 많다. 나무는 전량 일본에서 생산되는 것을 쓰는가?

답 : 일본에서 생산된 히노키 소나무를 쓰기도 하지만 미국이나 캐나다로부터 히바, 히노키 등을 수입해서 쓰기도 한다. 일본에서 구입하는 목재의 경우는 북해도와 도쿄 인근의 지바

현에서 가져온다. 때로 나라 현의 요시노에서 오는 경우도 있다. 목재의 대부분은 히노키이다.

문 : 금강조가 주식회사가 된 것은 언제부터인가?

답 : 1955년에 주식회사가 되었다. 그 이전에는 그냥 작은 회사였다.

문 : 금강조의 공사는 오사카 인근에 국한되는가? 아니면 일본 전 지역을 취급하는가?

답 : 일본 전 지역의 공사를 취급한다. 최근에는 북해도 삿포로 시의 대창사를 짓기도 했다.

작업 시의 원칙

⑴ 금강조가 기초공사를 하는데 오랜 시간이 걸리는 것은 그렇게 해야만 건물이 지진이 와도 쓰러지지 않기 때문이다.

⑵ 궁대공은 낮에는 공사현장에서 일하지 않는다. 기술의 비법이 알려지기 때문이다. 그러나 외부사람이 없을 때는 낮에도 일을 한다. 금강조만의 특별한 기술이 있는데 이것을 도둑 맞지 않기 위해서이다.

⑶ 일본에는 절만을 전문적으로 짓는 사원건축 전문회사가 약 4개 정도 있다. 이들 회사와 금강조의 공사 가격은 비슷하지만 일반 건축회사들에 비해서는 월등히 비싼 가격에 절을 짓고 있다. 싸게 공사를 수주 받아 대충 만들기보다는 비싸게 입찰을 받아 공사를 제대로 하는 것이 금강조의 신조이다.

⑷ 눕힐 것은 눕히고 세울 것은 세워라. 눕혀야 할 자재와 세워야 할 자재를 엄격히 구분하라. 모든 것은 다 용도가 다르다. 인재도 적재적소에 써야 빛이 난다.

⑸ 기와 입힘은 잔물결 치는 것처럼 하라. 그래야 아름답게 보인다.

⑹ 좋은 기와를 쓰면 반드시 좋은 작품으로 보답한다.

⑺ 나무를 3년간 말려라. 연기를 쐬라. 그러면 톱이 들어가지 않을 정도로 견고해진다.

⑻ 그늘진 곳에서 자란 나무는 건물의 그늘진 곳에 배치하고, 양지바른 곳에서 자란 나무는 건물의 양지 부분에 배치하라.

금강조의 경영철학

1. 금강조 사장은 비서가 없다.
2. 사장은 현장에 살아야 한다.
3. 눈이 닿지 않는 공사현장이 생기면 그곳은 곧 부실로 이어진다.
4. 보이는 곳보다 보이지 않는 곳에 더 신경 써라.
5. 원칙에 충실하라.
6. 무리하게 외형을 늘리지 말라.
7. 장인은 술을 즐기면 안 된다.
8. 사람 만날 시간이 있으면 일에 몰두하라.
9. 가장 능력 있는 자가 차기 계승자가 된다.
10. 기술에 관하여 최고가 되라.
11. 하청업체들을 형제처럼 대하라.

❖ 나의 경영 아이디어 ❖

❖ 나의 경영 아이디어 ❖

제 7 장

금강조가 흔들리면 일본이 흔들린다

사장의 기억력

▲ 천장 속 사선으로 댄 나무, 기시와다 만원사 공사현장

1월 7일, 오전 8시 30분.

금강리융 사장이 공사현장 방문을 위해 회사를 떠나고 있었다. 나는 그의 현장방문을 따라가겠다고 요청했다. 그랬더니 그는 오늘 하루 동안 오사카와 그 인근 도시에 있는 8개의 공사현장을 돌 예정인데, 과연 그걸 다 따라잡을 수 있겠느냐고 되물었다.

74세된 노인의 행보를 당시 40대에 불과한 필자가 따라잡지 못할 턱이 있겠는가? 물론이라고 대답해주었다.

첫 번째 방문 장소는 금강조 회사에서 40분 정도 떨어진 기시와다(岸和田) 시에 있는 만원사(滿願寺)라는 절 신축공사 현장이었다.

금강사장은 달리는 차 안에서, 뭔가 안주머니에서 주섬주섬 종이 한 장을 꺼냈다. 그것은 반절지 정도의 크기였다. 그걸 펴보니 당시 금강조가 시행하고 있는 32개 공사현장의 위치가 그려져 있었다.

그는 지도를 펴고 자신이 돌아야 할 코스를 다시 한 번 점검하고 있었다. 하루에 무려 8개 현장을 돌 예정이어선지 시간 안배를 하는 모양이었다. 그는 잠시 지도를 보며 스케줄을 정리했다. 그러더니 이번에는 또 다른 반절지를 양복 안주머니에서 꺼냈다.

그것은 32개 공사현장의 공사현황표였다. 거기에는 공사명, 공사 시공일, 공사준공 예정일, 공사감독, 계약금액, 현재 진척상황 등 공사 전반에 관한 필요한 내용들이 빼곡히 써있었다. 헌데 그 내용은 회사에서 만들어 준 것이 아니었다. 그것은 본인 자신이 삐뚤빼뚤한 글씨로 직접 작성한 것이었다.

그는 1924년 생이다. 당시 만 74세이며 한국 나이로는 75세의 고령이었다. 눈도 어둡고 손도 떨릴 나이이다. 그럼에도 불구하고 32개의 공사현장에 대한 개요를 반절지 크기의 종이에 직접 작성해가지고 다니고 있었다.

놀랍기도 하고 신기하기도 해서 물었다.

"그렇게까지 할 필요가 있는가?"

그가 말했다.

"나이가 들어서 기억력이 좀 떨어진다. 그래서 적어가지고 다닌다. 하지만 지금도 이 공사개요를 보지 않고서도 그 내용을 거의 다 외우고 있다."

한술 더 뜨고 있었다.

4년 전 필자와 처음 만났을 때도 그는 공사현황표를 주머니에 넣고 있었다. 그때는 무려 152개의 공사현장이 있었는데, 그때 그에게 시험 삼아 공사현장 1개소를 무작위로 골라내서 물어본 적이 있었다.

그때도 그는 그 공사현장의 개요 일체를 거의 완벽하게 외워보였다. 당시(1월) 금강조는 32개 공사현장에 120억 엔대의 비교적 작은 매출을 기록하고 있다.

그에게 질문을 하나 던졌다.

"1400년이 된 기업치고는 매출이 작다. 좀 더 공사를 많이 할 수도 있지 않은가?"

그의 대답은 이러했다.

"매출이 늘어나면 눈이 닿지 않는 공사현장이 생긴다. 눈이 닿지 않으면 그것은 곧 부실로 이어진다. 또 능력 이상으로 회사의 규모를 키워놓았다가 불황이 닥치면 회사가 도산할 위험이 있다."

문어발식으로 닥치는 대로 업종을 확장하는 우리 기업과는 사뭇 다른 태도였다. 무려 1400년의 역사를 가진 기업이 백억 엔대의 매출에 충실하겠다는 자세는 참으로 본받을 만하다는 생각이 들었다.

공사현장 만원사

주택가 속에 있는 만원사 공사현장에 도착했다. 연건평 400평 규모의 약 3층 건물로 3억5천만 엔짜리 절의 신축현장이었다.

현장에 도착하자 그는 안전모를 트렁크에서 꺼내서 썼다. 현장감독 야나세(45) 씨가 그를 안내했다. 3층 규모의 공사현장은 온통 난간으로 이어져 있었다.

금강 사장은 아슬아슬한 난간을 따라 거침없이 위로위로 올라갔다. 그를 따라가던 필자는 솔직히 다리가 후들후들 떨렸다. 그는 지붕 밑의 대들보 위를 거침없이 걸어다니며 현장감독과 구석구석을 살펴보았다.

하루에 무려 8개 공사현장을 점검한다기에 그저 공사감독을 독려하는 위로방문 정도로 생각하고 있었는데 그게 아니었다. 그는 공사 전체를 꿰뚫어 보면서 또한 문제점이 없는지를 정확하게 읽고 있었다.

▲ 만원사 공사현장에서 현장감독의 설명을 듣는 금강조 39대 사장 금강리융

50년 경력의 베테랑다운 모습이었다.

30분도 채 안됐는데 그는 제반사항을 다 파악하고 떠날 차비를 하였다. 내가 좀 더 조사할 내용이 남아서 시간을 지체하자 그는 일정이 바쁘다며 핸드폰 번호를 가르쳐 주곤 먼저 핑하니 떠나버렸다.

나는 그를 포기했다. 만원사 공사를 발주한 사람인 주지스님 미즈오(水尾, 당시 51세) 씨를 만났다. 미즈오 씨에게 명함을 건네주고 인터뷰를 하자고 했더니, 잠깐 기다리라고 했다. 그러더니 거울 앞에 가서 하이칼라 머리를(일본 스님은 머리를 깎지 않는 사람도 많다) 빗질했다.

잠시 후 그가 돌아왔다. 물어 볼 내용을 미리 가르쳐 달란다. 몇 가지 질문을 얘기했더니, 옷소매 밑에서 라이터와 담배를 꺼내 한 대 피운다. 일반 사람들이 담배를 피우는 거야 당연한 일이지만, 스님이 담배를 척 꼬나물으니 조금 희한한 기분이 들었다.

하긴 일본의 스님은 술도 먹고 담배도 핀다. 생선회도 잘 먹고 야키니쿠(쇠고기구이)도 즐긴다. 룸살롱도 가고, 헬스클럽도 다닌다고 들었다. 또 거의 99%가 대처승들이다. 그런데도 일본 사람들은 스님을 어려워한다. 그래서 스님들은 일본의 미혼 여성들에게 인기가 최고이다.

스님들은 대부분 부자인데다가 자유직업이라서 대목 때 왕창 매상을 올리면, 보통 때는 한가하게 논다. 그러니 여성들에게 신랑감으로 인기 만점이다.

내가 아는 일본의 어느 스님은 1년에 장장 10억 엔을 번다. 슬롯머신해서 버는 것이 아니라 염불해서 버는 수입이 그렇다. 스님의 염불 값은 외상이 없다. 신용카드도 받질 않는다. 오로지 현찰이다. 그래서 가진 건 돈 밖에 없는 스님이다.

주지스님은 자기가 19대째 세습주지라며, 고민이 하나 있다고 한다. 딸만 셋이라는 것이다. 아들이 없어서 절을 물려줄 수가 없는 것이다. 스님 왈, "아무래도 어디 가서 아들 하나 만들어 와야 할 것 같애"라며 심각하게 고민을 털어놓는다. 스님이 그래도 되나? 하고 생각했지만, 농담은 아닌 것 같다.

발주자의 이유

만원사 미즈오 주지에게 금강조에게 공사를 맡긴 이유가 무엇

이냐고 물었다. 미즈오 주지는 금강조는 다른 회사보다 공사비가 2~30% 정도 더 비싸지만 믿을 수 있어서 맡겼고, 다른 회사와 달리 한 번 입찰 금액을 정하면 공사가 끝날 때까지 공사비를 더 청구하지 않기 때문이라고 대답했다. 다른 회사는 중간에 공사비를 더 청구하는 일이 비일비재하다는 것이다. 또한 금강조가 지은 건물은 지진에 끄떡 없을 뿐만 아니라, 디자인이 뛰어나다는 것이다.

그가 공사 발주자로서 금강조 측에 당부한 사항은 다음과 같다.

1. 대웅전 건물의 모든 조각을 화려하게 해달라.
2. 기와의 선을 부드럽게 해달라.
3. 기둥의 재료를 요시노의 소나무로 해달라.
(요시노의 소나무가 품질이 제일 좋기 때문)

자, 그렇다면 발주자의 그러한 당부를 어떻게 보답하는가를 현장감독에게 물었다.

만원사 공사 감독 인터뷰

공사 현황

공사명: 만원사 대웅전

사업기간: 98년 4월 1일~99년 10월 31일

공사감독: 야나세 가츠시로(당시 45세), 23년 근무 , 나고야 중부 고등학교 졸업. 금강조가 첫 직장임. 당시 근무자는 대목수 1명, 소목수 1명, 대공 1명, 소공 1명, 미장공 1명, 사원 2명, 전기공 1명이었다.

공사금액: 2억 6천만 엔 (28억 원)

총건평: 4백 평 중 당시 짓고 있었던 부분은 64평

목재 : 히노키를 사용하고 있었으며 나무의 양은 154입방미터로 당시 사용되던 히노키의 수령은 80년생이었지만, 통상적으로 120~130년생을 쓴다. 나무의 산지는 나라 지방의 요시노에서 온 것이다.

공사인부 연인원: 1,646명

공사 감독과의 인터뷰

문 : 기와가 아름다운데 어느 지방의 것인가?

답 : 아이치 현의 니카와에서 온 것이다. 품질이 좋다.

문 : 하루 평균 몇 명이 일하나?

답 : 보통 평일에는 25명의 작업자가 일하나 지금은 정월이어서 8명의 작업자만 일하고 있었다.

문 : 대웅전 지붕의 선이 가파른 이유는?

답 : 일반 주택은 지붕의 밑변과 높이가 10:4.5의 비율이나 절의 경우는 10:6.8의 비율이다. 즉 일반 주택에 비해 지붕의 경사도가 30% 이상 가파르다. 절의 지붕이 가파른 것은, 가팔라야 외관이 멋있게 보이기 때문이다.

문 : 기초 공사 원칙은?

답 1. 눈에 보이지 않는 부분은 시간을 넉넉하게 갖고 공사를 한다. 그렇게 해야만 3~400년 정도 갈 것이다.

2. 기둥의 경우 : 굵은 것만 쓰면 된다. 기둥의 목적은 힘을 분산하는 데 있는 것이므로 거기에 신경을 쓴다.

3. 못은 가급적 쓰지 않는다. 나무와 나무 사이를 연결할 때 일부

쓰인다.

4. 만원사 건물의 무게는 재목이 100톤, 기와가 40톤 정도이다.

▲ 만원사 공사현장에서 도면 설명을 듣는 필자

5. 기초공사 : 흙을 팔 때 많이 파면 안 된다. 필요한 부분만 파야 한다. 그 깊이는 1미터 50센티 정도이다. 즉 가장 밑바닥의 흙 위에 굵은 자갈을 15센티 정도 깔고 그 위에 5센티 정도 콘크리트를 타설하며, 그 위에 16밀리미터 철근으로 99.5센티의 기초공사를 한다. 이것은 7~80년 전부터 쓰던 공법이다.

6. 지진방지 대책 : 중창돌이(頭貫)를 꽉 끼어야 지진이 나도 흔들리지 않는다.

7. 천장 속의 나무는 대각선으로 댄다.

문 : 건물이 3~400년밖에 안 가는 이유는?

답 : 나무가 썩기 때문이다.

문 : 목재 부식 방지 대책은?

답 : 물이 젖었다가 말랐다가 하기 때문에 관계없다. 거래처에서 가져온 목재를 자재부에서 검사하여 마음에 들지 않으면 돌려보는데, 불합격률은 약 10% 정도이다.

문 : 만원사 주지가 직접 금강조에 입찰했는데 그 이유는?

답 : 공사 중 대금을 더 청구하는 사례가 일본 건축업계에서도 빈번한데, 금강조는 한 번 입찰한 금액을 끝까지 유지한다. 보통 다른 건축회사의 경우는 중간에 한 번 더 청구를 한다. 공사 대금은 3분의 1씩 3회에 걸쳐서 받는다. 절 공사현장은 공사 중에는 인부를 새로 받지 않는다. 처음 작업에 투입된 인원이 끝까지 가는 방식이다. 대체로 대졸자를 선발해서 길러서 쓴다.

문 : 야나세 감독은 현재의 일에 만족하는가?

답 : 만족한다. 봉급은 일본업계의 중간 정도에 해당한다. 그러나 금강조는 가정적인 분위기로 회사를 운영한다. 그래서 좋다. 연봉은 약 900만 엔 정도이다. 보너스는 6월 말과 12월 말 등 연 2회로 지급받는데 1회당 170만 엔 정도이다. 공사가 끝날 경우 건물을 발주한 절 측에서 보너스를 약간 준다. 그것으로 회식한다.

문 : 지금까지 몇 개의 건물을 지어왔는가?

답 : 20개 정도의 절을 만들었다. 현장 감독을 15년간 했는데, 그때 지은 건물이 모두 10개 정도이다. 그 전에 사원으로 참여해서 지은 절이 10개 정도 된다. 초기 8년 동안은 평사원으로 일했다.

현장에서 근무하는 사원 니시키 요리 세이지(당시 28세)

문 : 현재 경력은 몇 년인가?

답 : 8년이다. 지금까지 8개 현장에서 근무해왔다. 3~4년이 지나면 주임(감독)이 될 것 같다.

문 : 여기서 먹고 자는가?

답 : 아니다. 효고현의 아마가사키에 집이 있다. 1시간 20분 정도 걸린다.

문 : 금강조가 첫 직장인가?

답 : 그렇다.

문 : 결혼했는가?

답 : 아직 미혼이다. 애인이 없다. 현재는 일밖에 모른다. 주량은

맥주 10병이다.

만원사 공사현장의 인터뷰는 여기서 끝났다. 필자는 금강리융 사장이 추천한 다른 절을 찾아가기로 했다. 고베 지진 때 다른 회사가 지은 절은 다 쓰러졌지만, 금강조가 지은 절은 끄떡없었다는 곳이다.

고베를 강타한 한신 대지진은 진도 8의 강진이었고 5천 명 이상의 사망자를 낸 엄청난 지진이었다. 나는 고베 지진 때 실제로 금강조가 지은 절 중에 쓰러지지 않은 절을 확인하러 떠났다.

강진을 이긴 계광원

수차례의 통화 끝에 고베 인근에 있는 명석(明石) 시의 계광원(戒光院)이라는 절에 도착하여 계광원의 주지를 만났다. 그는 지진이 나던 날 아침의 상황을 이렇게 설명했다.

"진도 8의 지진이 바로 눈앞에 보이는 담로도(淡路島) 섬 앞의 바다가 발원지로 우리 절을 덮쳤다. 40미터 되는 절 담장이 모조리 무너지고, 절 뒷마당의 공동묘원의 묘비나 탑이 거의 다 쓰러졌다. 대웅전 불단 앞의 집기는 모두 다 넘어졌고, 2미터 가까운 불상도 앞으로 50센티 정도가 밀려 나왔다. 나 자신도 공중에 약 30센티 정도 붕 떴다. 한신 고가도로가 넘어졌지만 이곳의 대웅전 건물은 무너지지 않았다. 단지 건물 자체가 좀 뒤틀렸다. 그러나 그것도 몇 년 지나자 저절로 원 위치로 돌아왔다."

계광원의 대웅전은 목조 2층 건물이다. 지진이 나기 4년 전에 금강조가 지은 것이다. 담장이 40미터나 쓰러질 정도였는데 건물 자체는 별 탈이 없었다는 얘기였다.

실제로 대웅전을 돌아보았는데 대지진을 겪은 건물이라고는 믿겨지지 않았다. 한 마디로 멀쩡했다. 서까래, 대들보도 자세히 보았는데 뒤틀린 흔적이라곤 보이지 않았다. 비틀렸다는 서까래 부분도 스님이 직접 가리켜 주어서 알았는데 그것도 구분이 안 갈 정도였다.

금강조의 설계부장 야부데츠오(藪哲郎. 당시 56) 씨에게 그 이유를 물어보았다.

▲ 고베 대지진 당시의 상황을 설명하는 계광원 주지

왜 지진에도 멀쩡한가?

첫째는 보이지 않는 곳일수록 더욱 신경을 쓴다는 점이라고 했다. 예를 들면 땅 속에 묻혀버리는 기초공사 부분이나 지붕 속 같은 곳을 말한다. 실제로 만원사 공사 현장에서 내가 직접 자로 건물의 기초 부분을 재보니 맨 밑바닥에 15센티의 굵은 자갈이 깔려있고 그 위에 무려 104.5센티의 콘크리트를 타설한 것을 확인할 수 있었다. 기초공사가 무려 1미터가 넘는 것이다. 이런 경우는 매우 드문 일로, 일반 주택의 경우 기초 부문 타설이 30센티, 2층 건물이면 60센티 정도면 되는데 그보다 훨씬 두껍게 기초를 타설한 것이다.

둘째는 대들보나 천장 속에 들어가는 나무의 경우 최하 80년에서 1백20~30년 된 최상품의 히노키(檜) 나무를 쓰며 재료가 반입되었다 하더라도 하자가 있을 경우 즉시 반송시킨다는 점이었다. 일반적으로 천장 속은 공사가 끝나면서 판자로 마감을 해버리면 수십 년간 그 속에 들어갈 일이 없다. 즉, 보이지 않는 곳이므로 그렇게 비싼 나무를 쓸 필요가 없는 것이다. 그럼에도 최고급 자재를 사용하는 것은 그렇게 해야 지진이 났을 때도 건물이 넘어가지 않는다는 것이다.

우리나라처럼 눈에 보이지 않는 곳을 얼렁뚱땅 넘어가버리는 경우가 없는 것이다.

셋째는 공사 인부 개개인의 자질이다. 만원사 공사 현장에서는 잡부들이 술을 마시지 않았다. 점심은 거의 모두 집에서 싸온 도시락으로 해결했고, 간식으로는 빵과 드링크가 전부였다. 야나세 현장감독에게 물어보니 술은 일체 금지한다고 했다. 따라서 우리의 건설현장처럼 소주병이 이 구석 저 구석에 굴러다니는 모습은 전혀 볼 수 없었다. 또한 잡부들이라 할지라도 공사현장에서 숙식을 해결하지 않았다. 모두 집에서 출퇴근하면서 일한다. 말하자면 정상적인 환경에서 정상적으로 출근하여 정상적으로 작업하고 정상적으로 퇴근한다는 개념이다.

또한 그들은 자기가 맡은 분야에서는 그야말로 최선을 다해서 일한다는 점이다. 꼼꼼하고 정밀하게 마치 자기 집을 짓듯이 열심히 일한다. 자기가 맡은 곳은 자기가 책임진다는 정신. 그것이 바로 금강조의 노하우라면 노하우였다.

이번에는 금강조의 건축 실력을 객관적으로 평가받기 위해 전문가 한 사람을 만났다. 오사카 '문화재 건조물 보존기술협회'의 후쿠모토(福本都治. 당시 52세) 부소장이다.

그의 대답은,

"금강조가 지은 건물이 흔들릴 정도면 일본열도가 흔들린다."

이렇게 비유적으로 표현했다. 그러면서 그는 단언했다.

"금강조가 망할 정도면 일본도 망한다."

그만큼 금강조가 지은 건물을 자신한다는 얘기였다. 그렇다면 금강조는 도대체 어떤 노하우를 가지고 있는 것일까? 그는 금강조의 사원건축 기술이 일본 내에서는 최정상급이라고 인정했다.

후쿠모토 부소장과의 인터뷰

문 : 금강조의 기업 정신을 어떻게 보는가?

답 : 에도시대나 막부시대에는 성 아래 마을에 건축 전문가인 장인들이 많았다. 공사를 발주하는 사무라이나 귀족들은 자신들의 취향에 따라 무리한 요구를 한 경우가 많았다. 그러나 금강조는 거기에 굴하지 않았다. 디자인이나 선에 대해서는 자신들이 가지고 있는 감각을 고집했으며 이것이 금강조의 고유한 철학이 되었다.

문 : 금강조는 1400년 전이나 지금이나 똑같은 공법을 고집하는가?

답 : 그렇지 않다. 1945년 일본이 전쟁에 지면서 목재건물에 철근이 도입되었다. 이것은 상당한 변화였다. 새로운 공법이 도입되었고 그러한 공법을 더욱더 충실하게 하기 위해 CAD를 이용한 첨단 디자인이 개발되었다.

문 : 금강조는 직원이 100여 명에 불과한 작은 회사이다. 영세하다고 생각하지 않는가?

답 : 보통 일본의 건축회사는 중견 기업의 경우라도 직원이 1만 명에서 1만 5천 명 정도의 수준이다. 금강조는 비록 인원은 적지만 규모가 작다보니 분명한 자기 색깔을 가지고 있다. 적응력이 빠르고 규모의 경제학하고 다르다.

문 : 소규모 기업이나 보니 문제점도 많을 텐데.

답 : 문제점도 있다. 금강조의 경우는 설계자가 현장 감독에게 곧바로 도면을 넘겨 작업에 돌입하는데, 일본의 건축회사의 경우 설계자와 현장감독을 잇는 중간감독이 있다. 방송으로 치면 그가 프로듀서이다. 현장감독은 디렉터일 뿐이다. 중간감독이 예산이나 자재의 사용, 공사의 방향 등을 지휘한다. 이러한 약점 때문에 건축을 적당히 하는 경향이 있다.

문 : 지진방지를 위해 천장 속에 나무를 사선으로 대었다고 한다. 그것이 과연 효과가 있는가?

답 : 사선으로 나무를 대었다고 해서 지진에 강하다는 보장은 없다.

문 : 일본의 목조 기술은 본래 고유의 것인가? 아니면 다른 나라

로부터 온 것인가?

답 : 일본의 목조기술은 한국의 석조기술을 목조로 옮긴 것이다. 고대에는 한국의 석조기술을 목조 기술로 바꿀 수 있었던 일본의 기술자들이 있었을 것이다.

문 : 금강조의 장수비결을 무엇이라고 생각하나?

답 : 시대와 풍토에 맞는 기술개발을 끊임없이 해 온 것이 그 회사의 장수 비결이라고 생각한다. 예컨대 일본은 강우량이 많은 나라이다. 그러한 강우량을 사전에 계산하여 거기에 맞춰 공법을 만들었다. 또한 시대의 요구에 맞게끔 기술로서 대응해 나갔다. 금강조라고 해서 과거의 전통만을 고집한 것이 아니다. 새로운 기술이 오면 거기에 맞춰서 그 기술에 도전하여 자기 자신의 기술로 만들었다. 100년 전 금강조가 지은 건물을 보면 재료의 특징을 100% 살린 것을 알 수 있다. 그러나 현재는 새로운 요구에 맞춰주거나 도전하고 있다.

문 : 한국의 전통 건물과 일본의 전통 건물은 어떻게 다른가?

답 : 한국은 대륙적인 전체미를 중시한다. 일본은 섬나라이기 때문에 부분미에는 뛰어난다. 그러나 전체미는 약하다고 생각한다.

❖ 나의 경영 아이디어 ❖

❖ 나의 경영 아이디어 ❖

제 8 장

생득적 지위와 성취적 지위

기업의 성장과 발전

기업의 평균수명은 30년이 안 된다. 하지만 금강조는 무려 1400년이 넘게 기업을 이끌어왔다. 놀라운 일이다. 프랑스에서 세계의 장수기업 만을 연구하는 헤노키안 협회에서도 금강조를 세계에서 가장 오래된 기업으로 인정하고 있다.

문화인류학에서는 생득적 지위와 성취적 지위라는 말을 한다. 즉 아들이 아버지에게서 기업을 물려받는 것이 기업의 성장과 발전에 유리한가? 아니면 기업을 직원 중에서 가장 똑똑한 사람을 선발해서 물려주는 것이 유리한가? 하는 문제를 다룬 표현이다.

일본의 경우

토요타 자동차의 경우는 토요타 집안의 자손이 기업을 물려받아 백년 넘게 기업을 이끌어 크게 발전시켰다. 현재의 회장은 5대째인 토요타 아키오(66세)이다.

토요타 아키오가 5대 회장에 취임하기 전에는 죠 후지오 회장이 나이가 어린 토요타 아키오 대신 약 10년간 경영하다가 본가인 토요타 집안에 넘겨주었다.

토요타 아키오가 제5대 토요타 자동차 회장에 올라서자 기업 내에 긴장감이 돌면서 기업이 일사분란하게 움직이기 시작했고, 그의 대에서 토요타 자동차는 세계 1위로 올라섰다. 이 경우는 성공적인 대물림을 한 경우이다.

반면, 혼다 자동차의 경우는 창업주 혼다 쇼이치로가 혼다 자동차를 자식에게 물려주지 않겠다고 선언했다. 그의 아들은 무겐이라고 하는 작은 자동차 튜닝 회사를 운영하다가 공금횡

령 혐의로 재판을 받고 3년간 감옥에 갔다온 후 지금은 놀고 있는 상태다. 혼다자동차는 친족은 경영에 일체 참여하지 않고 대주주와 전문 경영인이 경영하고 있다.

마쓰시다 고노스케가 창업한 파나소닉 그룹은 좀 복잡하다. 마쓰시다는 살아 생전에, 70년대에서 80년대 초반까지 세계를 제패한 가전 그룹이었다. 마쓰시다는 자식이라곤 딸 한 사람 밖에 없으므로 데릴사위를 받아들여 그에게 기업을 물려주었다.

데릴사위는 동경 제1고등학교와 동경대 법대를 졸업한 수재였다. 그러나 그는 경영을 맡아 20여년 친정을 했으나 90년대가 되면서 파나소닉은 세계 1위에서 일본 내 4위라는 최악의 성적을 낸다. 친정 체제의 파나소닉이 지지부진한 동안 소니, 도시바, 히타치 등의 가전 기업들이 파나소닉을 제쳤다.

그 무렵 문제가 발생했다. 데릴사위였던 회장이 차기 회장으로 자신의 아들을 임명하자, 전문 경영인 사장들이 반발한 것이다.

일본 최고의 학벌을 가진 데릴사위를 믿고 따랐으나 파나소닉은 세계 1위에서 일본 4위로 추락했는데, 검증도 안 된 그의 아들 즉 마쓰시다 고노스케의 외손자에게 경영권이 넘어갈 경우 기업의 성적이 더욱 추락할 가능성이 있다는 우려였다.

따라서 당시 전문 경영인의 좌장 격이었던 오츠보 후미에를 비롯한 6명의 경영자가 집단 반발해서 마쓰시다 친가는 일체 경영에서 손을 떼고 그룹의 경영은 오츠보 후미에를 비롯한 총 6인의 경영진에게 양도했다.

그러나 오츠보 후미에의 집단 경영 10년 동안 마쓰시다 그룹(현 파나소닉 그룹)은 일본 내 2위까지는 성적이 올라갔으나 결국은 실패로 끝났다. 지금은 손자와 전문 경영인이 공동으로 파나소닉 그룹을 경영하고 있지만 위태롭다. 이것이 생득적 지위가 실패한 대표적인 사례이다.

반면에 성취적 지위는 사원으로 입사해서 오랫동안 현업에서 경험을 쌓은 후 그 회사의 대표이사가 되는 경우이다. 말하자면 금강조가 그런 경우다.

39대 금강리융 사장도 사실은 금강조 직원으로 입사한 후 현장에서 경험을 쌓다가 금강조 집안의 딸과 결혼해서 회사를 물려받은 케이스이다. 만일 금강리융 사장보다 더 능력 있는 직원이 있었다면 금강조의 계승자는 그 사람으로 바뀔 수 있었을 것이다.

일본에서는 성취적 지위, 즉 기업의 창업 가문과는 아무런 혈연이 없는데도 기업의 회장까지 올라간 회사들이 많다.

한편으로 일본 최대의 미쓰비시 그룹, 미쓰이 그룹, 스미토모 그룹 등은, 2차 세계대전의 패전에 따라 맥아더 사령부에 의해 재벌 해체를 당하여 친족들은 경영에서 완전히 손을 뗐으나 여전히 기업 경영은 잘 돌아가고 있는 기업들도 있다.

일본 내 1위인 간장회사 기코만의 경우, 1661년 창업한 이후 간장가게에서 기업으로 성장해왔다. 그러다가 대기업으로 성장하게 된 것은 모기 유사부로 회장(1935~)이 74년도에 과감하게 미국에 공장을 지은 때부터였다. 당시 기코만은 가진 돈이 2천억 원 밖에 없었는데 미국 공장을 짓는 데는 3천억 원의 돈이 필요했다.

'미국인에게도 간장을 먹인다'는 파격적인 발상으로 모기 회장은 프로젝트를 밀어 붙였다. 결과는 대성공이었다. 일본의 국력이 커지면서 뉴욕에 일본식당들이 문을 열었고 미국인들까지 일식당을 찾게 된 것이다. 오늘날 기코만 간장은 수입의 60%가 해외시장에서 발생하고 그 대부분은 미국 시장에서 발생한다.

당시 일본의 간장시장은 포화상태에 이르렀으므로, 회사의 사운을 걸고 미국에 공장 설립을 밀어붙인 것이 성공의 열쇠였다.

모기 회장도 기코만 가문의 자손이 아니다. 월급장이로 들어와서 실력을 인정받은 후 사위가 되었고, 기코만의 회장까지 진급한 인물이었다. 이로써 모기 회장은 기코만 간장의 '중흥의 조'로 불리게 된다.

이러저러한 사례로 볼 때 21세기 글로벌 시대를 맞아 이제는 친족만이 경영을 해야 한다는 방정식은 검토해 볼 필요가 있다. 이제는 생득적 지위와 성취적 지위의 경영자 중 어느 쪽이 기업을 발전시킬 수 있는지는 누구도 확신할 수 없다.

부모에게 기업을 물려받아 세계적인 기업으로 키운 삼성그룹이 있는가 하면, 그렇지 않는 경우도 많기 때문이다. 그러나 기업의 규모가 커지면서 기업이 창업주 개인의 것이 아니라, 대주주 더 나아가서는 국민의 것인 경우가 생기기기 때문에 기업가의 책무는 더욱 힘들어졌다. 이제 우리도 그러한 문제를 깊이 있게 생각해볼 때가 되었다.

중국의 경우

중국의 경우는 여전히 생득적 지위가 강한 케이스이다.

1894년에 발생한 청일전쟁 무렵 청나라의 군대 통수권자는 리홍장(1823~1901년)이었다. 리홍장은 대표적인 생득적 지위를 가지고 태어난 사람이다. 그는 중국 안휘성 합비 출신으로 집안 대대로 명망 있는 거부였다.

안휘성 합비에 있는 그의 저택을 가보면 현재 남아있는 규모가 그의 생애 당시와 비교해서 약 8분의 1이라고 하는데, 그 8분의 1 규모가 우리나라의 99한 한옥보다 훨씬 크다. 만일 온전히 보존된 상태였다면 최소한 건물면적만 3천 평 이상은 되었을 것이다.

리홍장은 막대한 재력을 바탕으로 학문적 소양을 길러 청나라의 직예총독(북경과 그 일대를 다스리는 최고의 우두머리)이자 북양함대 사령관이 되었다. 그러한 지위를 바탕으로 리홍장은 청나라의 명운을 걸고 일본과 전쟁을 벌였으나 이른바 최초의 전투인 풍도해전(경기도 안산시 단원구 풍도리에서 벌어진 청일 간의 최초의 함대전)에서 패퇴하여 청나라를 멸망으로 이끌었던 인물이다. 즉 집안 대대로 이어온 부와 권세를 바탕으로 성장한 인물인 만큼 그 자신이 스스로의 지위를 성취했다기보단 주어진 환경에서 자라난 생득적 지위를 획득한 대표적인 인물이라 할 수 있다.

청나라 말기의 고위 관리들은 대부분이 그러하다. 그들은 모두 부모에게서 물려받은 권세와 부를 바탕으로 성장한 사람들이었다. 그러한 사람들이 청나라의 수뇌부가 되고 보니 막상 전쟁 때 자신의 능력으로 난세를 해쳐나갈 만한 지혜와 역량이 부족했던 것이다. 이것은 오늘날 중국의 경우에도 마찬가지이다.

1948년 모택동이 수립한 신중국의 지도자의 경우 그들 대부분은 성취적 지위에 해당되는 인물이었다. 모택동 자신도 가난한 농민의 아들로 태어나 공산당이 이끄는 신중국의 주석에까지 오른 인물이다. 그는 주석에 오르기 전까지 수많은 전쟁과 역경을 해쳐나가면서 실력을 발휘하였고, 결국은 중국에 공산당 정권을 수립했다.

모택동뿐만 아니라 등소평 또한 그와 다르지 않다. 등소평은 젊은 날 프랑스에 건너가서 르노 자동차의 생산라인에서 조립공으로 일하면서 프랑스 사회주의를 배운 인물이었다.

또한 모택동을 추종하는 중국의 혁명 1세대 원로들은 거의 대부분이 자기 자신의 문제를 스스로 해결하면서 인생을 살아온 성취적 지위의 인물들이었다.

인생을 스스로 해결하면서 살아온 그들의 역량이 중국 내에서 전제주의 정권을 무너뜨리고 신중국을 탄생시킬 수 있었던 원동력이 되었다.

그러나 혁명 1세대의 시대가 지나면 사정은 달라진다.

즉 혁명 1세대의 자식들 즉 태자당이라 불리는 4천 명의 신귀족층이 그렇다. 모택동의 자손들이나 손자, 등소평의 자손들 등 중국의 실권자의 자식들은 오늘날 중국에서 거대 기업을 소유하고 있다. 그들은 자기 자신의 노력에 의해 거대 기업을 소유하게 된 것이 아니라, 아버지 세대의 후광을 힘입어 거대한 부를 이뤄낸 케이스이다.

그들은 비록 막강한 권세와 부를 누리고 있지만 사실상 그들이 이룩해낸 기업이 세계 시장에 나가서 글로벌 기업이 된 경우는 거의 없다.

반면에 알리바바를 창업한 마윈이나 중국 최대의 포털사이트 넷이즈를 창업한 딩레이(1971년~), 중국 최대의 생수업체 제조회사인 와하하 생수의 창업주 종칭허우(1945년~) 등은 모두 자수성가해서 국제적인 기업을 이룬 인물들이다.

뿐만 아니라 중국 최대의 사료 회사이자 아시아 최대의 사료 회사라 불리는 신희망 그룹의 류융신, 중국 최대의 가전회사 하이얼 그룹의 장루이민, 레노버 컴퓨터의 류찬즈 회장이나 그 후계자 양위안칭 동 사장, 컬러TV로 잘 알려진 창홍 그룹의 리룬펑, 중국 오토바이의 황제라고 불리는 춘란 그룹의 타오젠싱, 시나닷컴의 왕즈동이 모두 자신의 노력으로 사회적 지위를 획득한 성취적 인물의 표본들이다.

말하자면 부모의 권세나 지위를 통해 사회적으로 성공한 생득적 지위의 인물들은 모두 국내적 기업에 머무르고 있는 반면, 성취적 지위의 인물들은 세계시장에 나아가 싸울 수 있는 저력을 가지고 글로벌 기업을 일궈내고 있는 중이다.

문화인류학자들은 말한다. 제2의 청일전쟁이 벌어졌을 경우 성취적 지위로 무장한 일본의 기업가들과 생득적 지위로 부와 권세를 누리고 있는 중국의 기업인들이 한판 승부를 겨룰 경우 결과는 일본의 압승으로 끝날 것이라고 예측하고 있다.

한국의 경우

한국의 경우를 보면 제1세대 창업주들은 대부분이 성취적 지위를 획득한 사람들이다. 현대그룹을 탄생시킨 정주영 회장이나 삼성그룹을 일으킨 이병철 회장, LG그룹을 일으킨 구인회, SK그룹을 일으킨 최종현 등 대한민국 30대 그룹의 창업주들은 모두 평생의 노력 끝에 성취적 지위를 획득한 인물들이었다.

현대, 삼성, LG, SK 그룹의 2세 경영주의 경우 대체로 그들은 창업주인 아버지 세대 밑에서 철저하게 교육받고 나아가서는 아버지 세대의 노력을 눈으로 보고 익힌 세대들이다. 그들은 성취적 지위를 획득한 아버지의 세대만큼은 아니지만 선친들의 고생을 직접 눈으로 보고 성장함으로써 사실상 성취적 지위를 획득한 사람들이었다.

그 대표적인 인물이 삼성그룹의 이건희 회장이다. 또한 현대자동차 그룹의 정몽구 회장이나 여타의 대기업 2세들도 성취적 지위를 스스로 만든 케이스라고 볼 수 있다. 그들은 아버지로부터 물려받은 기업을 수십, 수백 배 성장시켰다. 그러나 창업주 제3세대에 이르면 사정이 달라진다.

오늘날 30대 그룹을 장차 이끌어 갈 사람들은 3세 경영자들이다. 이들은 할아버지와 아버지가 이룩한 온실환경 속에서 자란 인물들이다. 태어나면서부터 금수저를 입에 물고 최고의 환경 속에서 어려움 없이 성장했다. 따라서 그들은 성취적 지위가 아닌 생득적 지위에 가깝다.

앞으로가 문제이다. 그들이 대기업의 회장에 오르거나 기업의 대권을 잡을 경우 과연 세계시장에서 싸워서 이겨나갈 수 있을 것인가 하는 의문이 생긴다. 즉, 그들이 태생적으로 가지고 있는 생득적 지위로 과연 험난한 글로벌 경쟁 시대에 살아남을 수 있을까?

일본의 경우는 생득적 지위를 가진 집안에서 출생하여 기업의 대권을 물려받은 사람들도 밑바닥에서부터 성장했다.

토요타 자동차의 아키오는 일본의 게이오 고등학교를 나와 게이오 대학 법학과를 졸업한 후 미국의 메사추세스 주에 있는 밥슨대학 경영대학원에서 MBA를 1982년 취득했다. 이후 미국의 투자은행인 A.G.베커에 2년간 근무한 후 1984년 토요타 자동차에 입사했다. 입사할 때의 직책은 계장이었다. 즉 미국의 투자은행에서 근무했던 경력을 인정받은 것이었다.

그가 토요타 자동차에서 담당한 업무는 생산관리, 국내 영업이었다. 그러나 일본 국내 사정을 잘 모른다는 이유로 계장에서 평사원으로 강등되었다.

일본의 명문인 게이오 대학 법학과, 미국의 경영대학원에서 MBA를 취득, 미국의 투자은행에서 2년간 근무라는 최고의 스펙이 모조리 무시된 것이었다. 토요타 자동차 집안의 직계 자손으로서 씻을 수 없는 수모를 당한 것이다. 이것이 일본이다. 아무리 스펙이 좋아도 실력과 경력이 직급을 따라가지 못하면 강등되는 것이다.

아마 한국의 경우였으면 그는 계장으로서 입사가 아니라, 입사와 동시에 최소한 과장, 심한 경우에는 임원으로 곧바로 입사했을 것이다. 당시 토요타 자동차의 경영자들은 세상 물정을 모르는 토요타 아키오를 밑바닥에서부터 경험시키기 위해서 과감한 조치를 내렸던 것이다.

말하자면 생득적 지위를 완전히 무시하고 스스로 성취해나가는 성취적 자아를 실현하도록 요구한 것이다. 그 결과 토요타 아키오는 판매 부문의 카이젠(개선) 활동의 전개 과정에서 능력을 보였다. 즉 절치부심의 노력으로 자기 자신의 능력을 길러나간 것이다.

그는 판매 부문의 개혁을 주도하면서 1998년에는 자동차

관련 정보를 종합적으로 제공하는 웹사이트 'GAZOO.COM'을 만들어 발군의 능력을 보인다. 그리고 나서야 간신히 2002년 상무로 승진했고 2003년에는 전무, 2005년에는 부사장이 된다. 즉 1984년에 토요타 자동차에 입사한 후 2005년 부사장이 되기까지 21년의 세월이 걸렸다.

우리나라처럼 입사한 지 단 5년이 안 되어 부사장으로 진급하는 그런 경우와는 완전히 다르다. 재벌가의 직계 자손으로서의 프리미엄이 전혀 반영되지 않는, 이것이 바로 일본이 한 사람의 인재를 기르는 방식이다.

한국 대기업의 경우처럼 미국유학에서 돌아오자마자 곧바로 임원이 되는 것과는 비교가 되지 않는다.

일본의 500년, 1000년 된 오래된 노포의 경우도 자식들이 성장하면 일단 남의 가게에 종업원으로 들여보내 최소한 3년 정도는 남의 집 밥을 먹게 한다.

남의 가게에서 쥐꼬리만 한 월급을 받으면서 인생의 쓰고, 매운 맛을 경험하도록 하는 것이다. 즉 밑바닥부터 경험을 쌓도록 만드는 것이다.

나는 지금까지 우리나라 대기업의 3세 경영자들이 남의 집에 들어가서 평사원과 동일한 대우를 받으며 월급을 받았다는 이야기를 들어본 적이 없다. 결국 생득적 지위를 쥐고 태어나서 생득적 삶을 계속 영위해 오는 경우를 나타낸다.

따라서 성취적 지위로 무장한 일본과, 미국의 마이크로소프트 창업주인 빌게이츠, 애플 창업주인 스티브 잡스 등과 같은 성취적 지위의 기업들과 맞서 싸워서 이길 수 있다는 보장이 없다. 한국이 세계 시장에서 싸워 이기려면 생득적 지위보다는 성취적 지위가 우선이 되는 인재를 육성해야 한다.

❖ 나의 경영 아이디어 ❖

❖ 나의 경영 아이디어 ❖

제 9 장

금강조 집안의 선산

▲ 사천왕사 내 금강가문 표지 합장묘

오늘날 금강조 집안의 선산(사진)은 사천왕사 안에 있다. 사천왕사 안의 묘역에는 금강조 집안 외에도 수백 개 이상의 집안 묘역이 있다.

금강조 집안의 묘역은 의외로 단출하여, 부도탑은 모두 다섯 개였다. 제1대 조상부터 35대 조상까지를 하나의 부도탑에 모셨고, 36대 금강중표의 부도탑이 하나 있었고, 37대 금강치일과 38대 금강요시에 부부가 또 다른 하나의 부도탑에 합장되어 있었다. 그리고 나머지 두 사람은 묘역의 입구에 별도로 세워져 있었는데 그들은 직계이지만 일찍 요절한 자손이었다. 그 중 한 사람은 38대 금강요시에 사장의 남동생이었고, 또 한 사람은 오늘날 39대 금강리융 사장의 딸로 일찍 요절한 사람의 부도탑이었다.

말하자면 제1대에서부터 35대까지의 조상들은 그 이름만 부도탑에 적혀 있을 뿐 여타의 뚜렷한 특징이 있는 것은 아니었다.

1400년을 유지해왔다는 금강가의 묘역치고는 단출했다. 그러나 37대 금강치일이 바로 그 묘역 앞에서 할복자살을 했다는 사실을 알고 난 이후부터는 그 묘역을 갈 때마다 늘 숙연한 기분이 들었다.

금강조. 1400년이라는 세월은 짧지 않다. 따라서 그들의 집안 역사를 대변해줄 수 있는 명명백백한 기록이나 물증이 남아있을 것으로 기대하는 것은 무리이다.

우리나라의 경우도 자신 집안의 가계를 대변할 수 있는 5백년 이상 된 물건을 가지고 있는 경우는 아주 드물다.

나는 금강조를 취재하면서 39대 1400년이라는 장구한 세월동안 그들이 자신들의 가업을 실종시키지 않고 이어왔다는 데 큰 교훈을 얻었다.

"어떠한 때에도 사천왕사에 금강조는 없어서는 안 될 존재"

사천왕사의 주지스님이 한 말이다. 사천왕사는 1500년 역사 동안 수도 없이 불에 탔다.

오다 노부나가와 본원사 파의 전쟁에서 불탔을 때나, 1615년 도쿠가와 이에야스와 토요토미 히데요시 파의 오사카성 전투에서 불탔을 때나, 1945년 2차 세계대전 때 사천왕사가 공습으로 불에 탔을 때도 금강조는 언제나 앞장서서 화재를 진압하고 그 재건에 앞장섰다.

1868년 메이지(明治)유신이 일어나면서 금강조는 사천왕사 측으로부터 받던 봉급이 끊어지기도 했지만 그럼에도 불구하고 무보수로 일을 하기도 했다.

1500년 전 성덕태자와의 약속을 묵묵히 지켜왔다.

모든 취재가 끝나는 마지막 날.

나는 금강조 사장에게 질문을 던졌다. 당신의 뿌리를 아직도 한반도라고 생각하느냐는 다소 멍청한 질문이었다. 그때 그는 이렇게 답했다.

"나의 조상이 백제에서 왔으니 나는 백제인이고 또한 한국인이다."

이 대답에 큰 의미를 두지는 않는다. 내가 정작 의미를 두는 것은, 그들의 조상이 한반도에서 건너왔으니 당신들은 우리의 자손이다 하는 편협한 생각보다 그들의 집안이 갖고 있는 정신이다.

"너의 집안은 세세천년 영구히 일본 땅에 살면서 사천왕사를 지켜라!"

1400년 전 성덕태자가 한 말이다. 그때부터 금강조는 성덕태자와의 약속을 지키고 경기가 어려워도 그걸 이겨내면서 자신의 회사와 사천왕사를 꿋꿋이 지켜냈다.

금강조와 그들의 집안이 40대, 1425년간 해온 일은 한국과 일본이라는 두 나라를 떠나서 참으로 놀라운 인간 정신의 아름다움을 보게 해주는 것이라 생각한다. 이러한 정신이 살아 있는 한 세상은 아직 보고 배울 것이 참 많다.

금강조와의 만남 23여 년. 앞으로도 금강조가 1400년간 더 이어지길 바라는 마음이 간절하다.

❖ 나의 경영 아이디어 ❖

제 10 장

금강조 사장의 집

사장의 집을 방문하다

취재 마지막 날.

금강조 사장인 금강리융 씨의 가정방문이 허락되었다. 금강리융 사장의 집은 가까웠다. 회사 6층이 바로 사장 집이었던 것이다.

'사장은 언제나 현장에 살아야 한다.'

이것이 금강 가문의 철칙이라고 한다. 그래서 지금까지 1400년간 금강조의 사장은 언제나 금강조 본사가 있는 '오사카시 천왕사구 1 정목 14-29번지'에 거주해왔다고 한다.

사천왕사 서문 바로 앞이다. 사천왕사 서문에서 50미터 거리의 대로변에 금강조 본사가 지금도 있다. 금강조의 본사는 사천왕사가 완공된 서기 593년 이후 지금까지 줄곧 그 위치에 있다.

금강조 본사의 4층에 있는 사장 댁을 방문 하던 날, 나는 상당한 기대를 하고 계단을 올라갔다. 1400년간을 그 자리에서 살아온 금강조 사장 댁은 도대체 어떤 모습일지 매우 궁금했기 때문이다.

사장 댁에 들어섰을 때 제일 먼저 눈에 띄는 것은 '밀양 반닫이'였다. 어디서 구했는지 아주 보존상태가 좋은 고급품이었다. 거실로 들어섰다.

▲ 금강조 39대 사장의 부인, 금강광자와 필자

금강리융 사장의 부인 금강광자 여사(사진)가 나를 기다리고 있었다. 자그맣고 단아한 체구에 콧날이 오뚝 솟은 기품 있는 얼굴이었다.

금강광자, 그녀는 사실상 금강조 집안의 핏줄이다. 남편인 금강리융 씨는 딸 밖에 없었던 금강 집안에 데릴사위로 들어온 인물이다.

앞서 말했듯이 37대 금강치일이 사천왕사 안의 금강조 집안의 선산에서 할복자살할 때, 금강치일의 부인 금강요시에와 금강광자의 언니 두 사람은 현장에 있었지만, 당시 나이가 어린 그녀는 현장에 가지 못했다. 그리고 어머니인 공고 요시에나 언니 두 사람은 모두 세상을 떠났으므로 직접적인 혈손은 그녀 한 사람 뿐이었다. 조금 눈물이 나올 것 같은 기분이 들었다.

거실은 10조(5평) 다다미방이었다. 방은 먼지 하나 없이 깔끔했다. 도코노마(물건을 넣어두기 위한 일종의 거실로 오픈된 상태의 벽장)에 바로 성덕태자의 통치철학이었던 〈이화위귀(以和爲貴)〉라는 족자가 걸려 있었다. 그 옆에는 자그마한 장식장이 두 개 있었고, 벽 한쪽 구석에는 가리개(키가 작은 병풍)가 하나 있었다.

장식장에는 주먹만한 칠기상자가 몇 개 놓여 있었는데 상당한 고급품이었다. 안주인의 미에 대한 안목을 느낄 수 있었다. 책장 위에 놓여져 있는 것 중 눈길을 끄는 것이 있었는데, 그것은 청자로 만들어진 복숭아 모양의 자기였다.

누구의 작품이냐고 물었더니 경기도 이천의 해강요의 작품이라고 했다. 해강은 한국을 대표하는 도예가였다. 20년 전에 구입했다고 한다. 그런 것들을 모으는 것이 금강광자 여사의 취미라고 했다.

거실의 한쪽 벽에는 신단이 있었다. 신단의 가운데 모시고 있는 작은 조각상을 보니 그것은 바로 성덕태자였다. 1400년 전 자신의 1대 조상을 백제에서 초청한 장본인, 사천왕사를 지키라고 명령한 장본인인, 그를 1400년이 지난 지금까지 거실에 모셔놓고 아침저녁으로 경배를 하고 있었던 것이다.

그리고 옷을 넣어두는 서랍장 위에 백자로 만들어진 문배주 병이 올려 있었다. 내가 일전에 선물한 것이었다. 뭐하러 저 빈병을 올려놓았냐고 물었더니,

"아름답지 않아요?"

금강 사장님을 대신해서 부인이 말했다. 우리는 무심히 지나쳤던 문배주 병의 아름다움이 갑자기 눈에 들어왔다. 반성하는 마음이 들었다.

사장 댁에서의 시간은 한 30분 정도, 차 한 잔을 마시고 나왔다. 시간이 많이 흘러 지금 돌이켜 보면 참 대단한 만남이었다는 생각이 든다.

금강리융 사장의 타계

2013년 12월 금강리융 사장이 타계했다. 금강조 집안에 양자로 들어와 장모인 금강요시에 여사로부터 회사를 물려받아 50여 년이나 금강조를 경영했고, 회사를 크게 성장시켰다. 그러나 아이러니하게도 그의 당대에 회사가 망했다.

금강조와 처음 만난 것은 1994년도로, 16일간 인터뷰가 이루어졌던 때가 1998년 연말부터 1999년 연초까지였다. 그리고 그 후에도 2017년부터 현재까지 기업인들과의 기업인연수 때, 사천왕사와 금강조를 코스에 넣어 다녀왔으며, 금강조에 관한 강의도 기업인들을 상대로 20여 회나 이루어졌었다.

2013년 봄, 금강조 금강리융 사장님을 먼발치에서 뵈었고, 이제 금강조가 쇠퇴하는 과정에서 금강조에 관한 기록을 누군가라도 남겨야 한다는 생각에 여기까지 왔다.

❖ 나의 경영 아이디어 ❖

제 11 장

금강조 파산의 원인

금강조의 파산

금강조는 2004년, 1400년 역사상 최대의 위기를 겪었다.

당시 한국의 일간 신문에는 금강조가 파산해서 1400년 역사가 끝났다고 보도되었는데 이건 사실과 다르다.

금강조는 콘크리트로 설계, 시공하는 사업 부문을 일본의 중견 건설사인 다카마쓰 건설에 팔았지만, 그 본업인 목조 건축 부문은 팔지 않았다.

목조 부문만 남은 것이 바로 케이지 건설(금강조의 앞 자를 영문으로 표기한 것)이라는 회사이다. 이 회사는 금강조의 40대 계승자가 될 금강정화 씨가 설립한 회사이다.

그러나 이 회사는 설립 후 2년도 안 되어 파산했다. 2004년, 금강조가 다카마쓰 건설에 인수된 이후 2005년 신년식인 사천왕사 대웅전의 전나하지메에는 금강조의 당주가 보이지 않았다.

39대 사장인 금강리융 사장이나 40대 계승자도 불참했다.

▲ 금강조 40대 사장 금강정화 씨는 아직 타계하지 않았으나 미리 묘를 만들어 두었다.
〈2017년 6월 필자 촬영〉

금강조 그 후

39대 사장의 경우는 상담역으로 물러났고, 40대 사장은 모든 사태에 대한 책임을 지고 물러났기 때문이다. 신년식인 전나하지메에 당주가 불참한 것은 1400년 역사상 처음이라고 했다.

나중에 안 사실이지만, 40대 당주 금강정화 씨는 병원에 입원 중이었고 빈사지경을 헤매고 있다고 들었다. 금강정화 씨는 필자도 여러 번 만났고 같이 식사한 적도 있었지만 180센티의 키에 검도로 단련된 군살 없는 체격이이서 거의 완벽한 건강상태였었다.

1400년간 이어오던 금강조가 자신의 대에 와서 회사가 도산한 데 대한 충격이 커서 몸져 드러누운 것으로 생각된다.

2017년 5월 필자는 원고를 끝내기 전 다시 금강조 본사와 금강조 집안의 선산을 찾아갔다. 거기에는 3년 전에 작고 한 39대 금강리융 사장님의 묘지가 있었고, 그 묘지 안에 40대 당주 금강정화 씨의 이름이 붉은 글씨로 새겨져 있었다. 붉은 글씨로 이름이 새겨진 것은 아직 돌아가지 않았다는 뜻이지만, 미리 앞으로의 일을 대비해 묘소를 만들어 놓은 것이라 한다.

결론적으로 말하면 이로서 금강 씨는 사라졌다. 금강 씨는 사라졌으나 금강조는 남았다. 금강조 120명의 기술자가 다카마쓰 건설로 넘어간 것이다. 다카마쓰 건설 측에서도 "금강조의 명맥이 끊어진 것이 아니다."라고 단언한다. 금강조의 기술을 계승한 궁대공 120명이 넘어왔으니, 금강조의 기술은 여전히 건재하다는 의미이다.

금강조의 기술은 영원히 남아 있다

신금강조 측의 상담역을 맡고 있는 나오마쓰 씨는 평생 금강조에서 일을 하다가 신금강조 팀에 합류했는데 그는 이렇게 말한다.

"금강조가 40대 계승자로 넘어가지 않았다고 해서 맥이 끊어진 것이 아니다.1400년의 역사 속에서 대가 끊어진 것은 허다하게 많다. 이번에는 39대에서 40대로 넘어가지 못했지만, 그것은 금강조 역사의 단 한 페이지에 불과하다. 금강조의 기술은 영원히 남아서 이어질 것이다."

금강조, 서기 578년에 백제인 유중광이 창업해서 무려 1400년간을 이어오던 금강조는 이로서 다카마쓰 건설의 한 사업부서인 신금강조 팀이 되었다.

한국인의 입장에서는 애석한 일이지만, 시대의 도도한 흐름은 막을 수 없다. 사업의 다각화를 시도하다가 실패해서 1500년의 긴 역사를 접고 사라진 금강조.

오늘날 금강조의 창업주 유중광의 자손은 수천 명에 이르고, 그들 중 일부는 신금강조에서도 일하고 있다. 대가 끊어졌지만, 1400년 전에 백제의 금강조가 전수해 준 목조 건축 기술은 여전히 금강조의 공사현장에서 전수되어 살아 숨쉬고 있다. 1500년 역사의 금강조는 여전히 살아있는 것이다.

금강조 파산의 배경

1 성취적 자아를 무시했다

39대에서 40대에 이르는 과정에서 후계자에 대한 성취적 자아를 기르는 데 실패했다. 39대의 경우는 금강조에 입사해서 스스로 노력하여 실력을 인정받고, 그 자신이 경영자의 위치에까지 오른 사람이었다. 그가 금강조 집안의 딸과 결혼했기 때문에 경영자가 된 것이 아니라 누가 보아도 그는 경영자가 될 수 있는 자질을 스스로 길러 그것을 인정받았기 때문에 가능한 것이었다.

그러나 40대의 경우는 아버지의 후광으로 미국의 유명 버클리대학의 건축과에 진학했고, 학교를 졸업한 후 금강조에 입사했다. 그가 성취한 부사장이라는 지위도 그가 투쟁해서 얻은 것이 아니라 아버지의 아들이기 때문에 가능했다.

2. 스스로 클 수 있는 기회를 주지 않았다

금강조 39대 사장은 목공일을 밑바닥에서부터 하여 정대공까지 올랐다. 즉 말단사원이 하는 일의 어려움과 시행착오를 선배들로부터 야단맞으면서 뼛속에 체득하여 성장했다.

40대 사장은 그러한 과정이 생략되었다. 그는 금강조 회사의 밑바닥에서 일해 본 경험이 없다. 즉 금강조 사업 전반을 몸으로 체득한 것이 아니라 그저 현황으로, 통계로 알고 있었던 것이다. 39대 사장처럼 작업현장 밑바닥에서부터 배운 설계, 경영 전반에 이르는 과정이 생략된 것이다.

3. 신규사업에 대한 정밀한 검토가 부족했다

금강조가 치명타를 맞은 것은 도쿄의 연립주택 사업에 진출한 때문이었다. 금강조는 절을 짓는 일에 관한 그 누구도 따라올 수 없는 건축 노하우와 경영 시스템을 가진 회사였다.

그러나 절과 연립주택은 전혀 다르다. 절은 사람이 사는 주거 공간이 아니다. 신이 사는 공간이다. 반면에 연립 주택은 철저하게 사람의 공간으로 만들어져야 한다. 기본 접근법이 다른 것이다.

건축계에는 주택만을 지어온 강자들이 수도 없이 버티고 있었다. 절은 발주자인 주지가 정해놓은 부지 위에 건물을 짓기만 하면 된다. 연립주택은 건축을 시작하기 전에 분양이 가능한 지역인지, 입지 선정에서의 가격 경쟁력, 주택의 편리성, 완성도, 채산성, 교통의 편리성 등 다양한 요소가 고려되어야 한다. 구매자는 주택을 구입할 경우 향후 부동산 가격의 상승과 하락 등을 고려한다. 즉 절과 연립주택은 건물을 짓는다는 것 외에 모든 요소가 달랐다. 이점을 간과했다.

4. 재무에 대한 문제

일본 경기가 좋으므로 연립주택 사업도 전망이 좋을 것으로 판단, 40억 엔에 달하는 과도한 부채를 내서 사업에 도전한 무모함이다. 금강조의 매출은 연간 1천억 원 정도이다. 순이익은 그의 10분의 1은 커녕, 간신히 채산을 맞추고 있는 수준이었을 것이다. 그렇지 않으면 40억 엔이라는 빚을 낼 필요가 없었을 것이다. 즉 회사가 가진 자본에 비해 무리한 투자를 한 것이다. 그러한 무리수가 금강조의 재무를 악화시켰다.

5. 기업 계승자의 자질이나 도덕성 문제

즉 회사의 최고 경영자로서 회사를 위해 즉 종업원과 고객을 위해 충실했는가, 사생활이 건전했는가의 문제이다. 개인적인 소견은 그렇지 않다고 생각한다.

알고 있는 내용이 많으나 이 책에서는 쓰기 어렵다.

6. 판단착오에 기인한 방만한 경영, 도덕적 문제 등의 복합적인 작용

매출이 수십조, 수백조 원에 달하는 대기업들이 도산하는 과정을 보면 그 첫 번째가 경영자의 자질이다.

기업이 망하기 시작하는 첫 단계는 기업의 최상층부가 회사 돈을 빼돌려 사유화하는 것으로 시작된다. 그러한 돈은 대개 올바르게 쓰이지 않는다. 외국의 명승지에 초호화 별장을 짓는다든지, 호화 요트를 구입한다든지, 해외의 조세 도피처에 돈을 빼돌려서 개인적으로 쓴다는지 하는 경우는 비일비재하다.

그리스, 로마 문명이 망한 것도 결국 그 나라를 지도했던 지도자들과 상위 계층들의 타락에서부터 시작되었다는 점을 간과해서는 안 된다. 세계에서 가장 오래된 기업인 금강조가 1500년 가까이 돼서 파산했다는 것은 안타까운 일이다. 기업의 문제를 넘어서 한 집단이 1500년을 간 경우는 거의 없기 때문이다.

어느 왕조도 1500년을 간 경우가 없다. 그러나 일개 기업이 1500년을 유지했다는 것은 인간의 한계를 초월한 귀감이다. 향후 적어도 기업 분야에서 1500년을 유지하는 기업은 나오지 않을 것이다. 그런 점에서 1425년을 이어온 금강조는 높이 평가받아야 한다. 또한 그러한 기업이 우리 한반도에서 건너간 도래인에 의해 설립되고 유지되었다는 것에 한국인으로서 무한한 자긍심을 갖는다.

금강조는 사라졌다.

그러나 이 지구에 그토록 장구한 세월을 견딘 기업이 존재했다는 사실에 큰 자부심을 갖는다.

1994년 11월부터 2017년 말까지 23년간 금강조를 지켜봤다. 금강조가 593년 지은 사천왕사를 간 것도 100회 이상은 될 것 같다. 그것도 30회 정도는 수백 명 이상의 한국 기업인들을 모시고 금강조 간부들로부터 장수비결의 노하우를 듣기도 했다.

이제 금강조는 사라졌다. 아니 한반도 도래인의 후예들이 경영했던 금강조는 사라졌다.

가슴 아프다. 많이 아프다.

금강조여!

금강조여!

1428년간 지구에 존속했던 금강조여!

이제

부디부디

안녕히 가시라.

❖ 나의 경영 아이디어 ❖

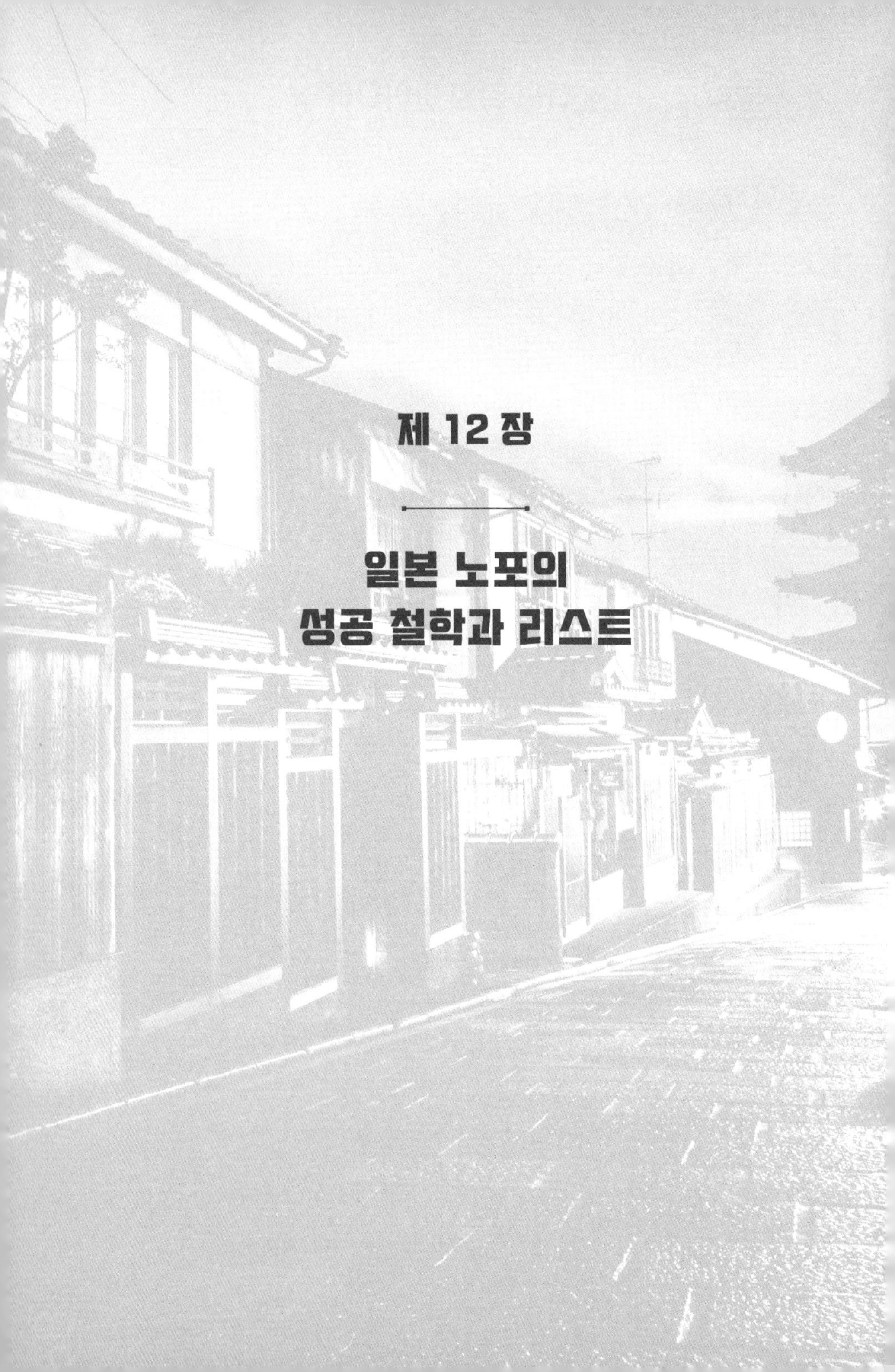

제 12 장

일본 노포의 성공 철학과 리스트

금강조의 경영 철학 12계명

1. 사장은 현장에 살아야 한다.
2. 기본에 충실하라.
3. 보이지 않는 곳일수록 더욱 신경을 써라.
4. 시대를 뛰어넘어 긍지를 가지고 일하라.
5. 신뢰를 잃는 것은 하루아침. 그러나 그것을 쌓는 것은 평생이 걸린다.
6. 사람의 그릇보다 일하는 자세가 성장을 결정한다.
7. 일에 대해 어리광을 부리면 전통을 지키지 못한다.
8. 눈앞에 있는 일에 의미를 묻고 또 물어라.
9. 언제나 중요한 일에는 실패가 도사리고 있다.
   그러나 거기에서 배우면 된다.
10. 젊었을 때는 벽에 충돌하는 경험을 하라.
11. 기대되는 인재일수록 상냥하고 엄하게 대하라.
12. 현장보다 더 배울 수 있는 장소는 없다.

현재 일본에는 100년 이상 된 가게나 기업이 공식 통계로 2만3천7백 개가 있다. 이것은 어디까지나 공식적인 통계이고 실제로는 약 10만 개에 달한다는 설이 있다.

필자는 지난 30년간 일본에 오래된 노포나 기업들을 찾아가서 인터뷰를 수도 없이 해왔다. 그 중에는 일본의 노포 리스트에 없는 기업이나 가게들이 허다했다.

이유는 일본의 노포들이나 기업들은 자기 집안의 문서가 존재하는 시점부터 가게를 해왔다고 생각하기 때문에 조상들로부터 자신의 가게나 기업이 그 보다 훨씬 오래되었다는 말은 공식적으로 인정하지 않기 때문이다.

여기서는 500년 이상 된 일본의 노포 리스트와 그들의 경영철학을 분석하고자 한다.

전 세계에서 가장 장수기업이 많은 곳이 일본이다. 일본 다음으로 장수기업이 많은 국가는 독일, 스위스, 영국, 프랑스, 이탈리아 등인데, 이 국가들은 100년 이상 된 기업의 숫자가 650개를 넘지 않는다. 일본의 2만 3700개에 비하면 압도적으로 숫자가 적다. 그 이유는 무엇일까?

다음은 일본경제 연구소가 발표한 일본 장수기업의 가장 중요한 조건 7가지를 소개한다.

신(信)·성(誠)·속(續)·심(心)·진(眞)·화(和)·변(變)으로 설명할 수 있다.

1. 첫 번째는 신(信)이다

신(信)이란 고객이 자기 자신의 가게나 기업을 믿어주는 마음이다. 즉 언제나 균일한 품질의 물건으로 고객을 절대로 배반하지 않는다는 마음가짐이다.

2. 두 번째는 성(誠)이다

성(誠)이란 언제나 정성을 다하는 것이다. 자기 자신이 만드는 물건에 정성을 다함으로서 언제나 균일한 품질을 내는 것이다.

3. 세 번째는 속(續)이다

장사는 몇 년간만 하다가 그만 두는 것이 아니다. 백년이든 천년이든 이어져야 한다는 것이 일본 상인들의 생각이다. 따라서 급하게 이익을 내려고 하지 않는다. 오랜 동안 늘 끊임없이 이어질 수 있도록 노력하는 것이다.

4. 네 번째는 심(心)이다

일본 말에 '마음이 먼저' 라는 말이 있다. 물건을 만들 때 먼

저 깊이 생각해보고 그 물건을 어떻게 만들어야 소비자가 납득할 수 있는가를 생각한다. 소비자가 먹기 좋게 쓰기 편리하게 만드는 것을 먼저 생각하는 정신이 바로 심(心)이다.

5. 다섯 번째는 진(眞)이다

일본의 술집에서 술을 마셔보면 잔이 한국보다 깊다는 것을 느낀다. 즉 술의 양을 최대한 충실하게 담을 수 있도록 잔의 깊이가 한국보다 깊다.

주전자의 경우도 담겨있는 술이나 물의 양이 예상 외로 많이 들어있다. 즉 자기가 만들어 파는 상품에 진심을 담아 판매하고 있는 것이다. 이익이 많이 발생할 수 있도록 술잔이 얕거나 주전자 안의 두께가 두껍지 않다. 혼을 담아 팔기 때문에 자신의 마음을 담은 것이다.

6. 여섯 번째는 화(和)이다

이웃과 사이좋게 지내는 것을 말한다. 즉 옆의 가게가 자신의 집과 경쟁관계에 있지만 경쟁을 하기보다는 같이 오랫동안 장사를 지속할 수 있도록 사이좋게 지낸다. '멀리 가려면 함께 가라'라는 일본 상인들의 속담이 있다. 장사는 몇 년간 하다가 그만두는 것이 아니기 때문에 이웃의 경쟁업체와도 사이좋게 지내면서 오랫동안 같이 번영하려고 하는 것이다. 이웃 가게가 좋은 제품을 만들어 히트를 치게 되면 그것을 질투하는 것이 아니라 자기 자신도 더욱 좋은 제품을 만들 수 있도록 노력한다. 그렇게 하는 것이 이웃 가게와 자기 가게가 장기간 번영할 수 있다는 것을 알기 때문이다.

7. 일곱 번째는 변(變)이다

변(變)이란 이노베이션을 말한다. '매일 혁신하라'라는 말은 일본의 오래된 노포들의 공통점이다. 품질이 좋아지는 것은 당연한 것이고 품질이 나빠지는 것은 절대로 해서는 안 된다고 일본 상인들은 생각한다. 그들은 어제보다는 오늘 더 좋은 제품을 만들어 고객들에게 보답하려고 노력한다. 어떻게 하던지 더 좋은 제품을 만들려고 하는 이노베이션의 정신이 있다. 그러다보니 물건의 질이 계속 향상된다. 더 나아가 일본의 상품이 발전하는 계기가 된다. 그러다보니 국가의 경쟁력도 강해진다. 이것이 일본 상인의 정신이다.

이제 우리나라도 3만 달러 소득의 국가가 되었다. 선진국이 된 것이다. 선진국들은 모두 어느 나라든지 그 나라 나름의 상도 철학을 가지고 있다. 그것은 오랜 경험에서 비롯된 유산이다. 이제 당당히 선진국이 되고 소득 수준도 높아졌으니 이제 좀더 마음을 가다듬어 존경받는 국민, 존경받는 국가가 되어야 한다. 우리나라의 무궁한 발전과 영광을 기대한다.

❖ 나의 경영 아이디어 ❖

부록

〈일본의 노포 기업 설립 연대표〉

연대	회사명	분야	소재지
578	금강조(金剛組)	건축	오사카시
718	법사(法師)	여관	이시카와현 고마츠시
793	호옥흑천(虎屋黒川)	화과자	교토시
889	전중이아불구점(田中伊雅仏具店)	불교용품	교토시
971	평정상영당(平井常栄堂)	의약품	교토시
1000	일화(一和)	인절미구이	교토시
1141	수도본가(須藤本家)	주조	이바라기현 유베시
1181	오랑병위이총본포(五郎兵衛飴総本舗)	화과자	아이즈현 와카마츠시
1190	어소방(御所坊)	여관	고베시
1329	칸대(かん袋)	화과자	사카이시
1333	흑전천년당(黒田千年堂)	화과자	시마네현 야스기시
1337	마루야핫소(まるや八)丁味噌	된장	아이치현 오카자키시
1341	시오총본가(塩瀬総本家)	화과자,만쥬	교토시
1467	능오중임죽재점(菱五中林竹材店)	목재	교토시
1487	비양천본포(飛良泉本舗)	주조	아키타현
1487	산촌수방당(山村寿芳堂)	의약품	교토시
1502	츠타야총본포(つたや総本家)	화과자	나가사키현 히라도시
1521	검릉주조(剣菱酒造)	주조	고베시
1535	국송주조(国松鋳造所)	자동차부품	교토시
1550	고니시주조(小西酒造)	주조	효고현 이탄시
1555	대국옥(大国屋)	총포화약	아이치현 오카자키시
1555	천야주조장(千野酒造場)	주조	나가노현 나가노시
1555	천덕(千徳)	기모노	교토시

1555	천절옥치병위(千切屋治兵衛)	기모노	교토시
1558	천길(千吉)	기모노	교토시
1568	길자옥본점(吉字屋本店)	석유	야마나시현 고후시
1573	항여(港輿)	식료품	야마나시현 고후시
1574	사카이야본점(さかいや本店)	의료	야마나시현 고후시
1575	목세팔랑병위상점(目細八郎兵衛商店)	낚시도구	이시카와현 가나자와시
1577	교토고매원(京都古梅園)	문방사우	교토시
1579	중오상점(中尾商店)	인쇄	이시카와현 가나자와시
1579	판본화지공방(坂本和紙工房)	화지	이시카와현 가나자와시
1579	목창야(木倉や)	기모노	이시카와현 가나자와시
1582	인전옥상원용칠(印伝屋上原勇七)	도장	야마나시현 고후시
1584	루리젠(ゑり善)	기모노	교토시
1585	오쿠다(奥田)	부동산임대	히로시마시
1586	마츠이건설(松井建設)	건설	교토시
1588	세자인판점(細字印判店)	도장	이시카와현 가나자와시
1590	스미토모금속광산(住友金属鉱山)	비철금속	교토시
1591	야마시나(山科)	금속제조	히로시마시
1592	헤이하치차야(平八茶屋)	여관,요리	교토시
1592	고매원(古梅園)	먹	나라시
1592	토라야(虎屋)	화과자,양갱	교토시
1592	길편옥과자점(桔梗屋菓子店)	화과자	아키타현 노시로시
1594	오우노쿤코도(負野薫玉堂)	향	교토시
1596	흑전정현공예(黒田正玄工芸)	목재	교토시
1596	죠지아(丁子屋)	요리점	시즈오카시
1597	목촌신조장속점(木村新造装束店)	불교용품	교토시
1599	사사야호텔(笹屋ホテル)	여관	군마현 이누다시
1599	면반강기(綿半鋼機)	건축자재	시즈오카현 미시마시

1602	복정미우위문상점(福井弥右衛門商店)	부동산임대	교토시
1602	양명주제조(養命酒製造)	약술	도쿄 시부야구
1603	영송불구점(永松仏具店)	불교용품	교토시
1603	사목단주조(司牡丹酒造)	주조	고지현 사가와쵸
1604	백양헌(伯養軒)	요리점	미야기현 센다이시
1604	센다이호텔(仙台ホテル)	여관	미야기현 센다이시
1607	사사야지마상점(笹島商店)	연료	이바라기현 미도시
1607	후시미야(ふしみや)	양장	시즈오카시
1609	센노큰북악기점(浅野太鼓楽器店)	악기	이시카와현 가나자와시
1610	다케나카공무점(竹中工務店)	건설	오사카시
1611	마츠자카야(松坂屋)	백화점	나고야시
1612	하나노(花熊)	생화	오사카시
1613	무라타안경포(村田眼鏡舗)	안경	도쿄시 중앙구
1615	나가타분쇼도(永田文晶堂)	출판	교토시
1615	헤이라쿠지서점(平楽寺書店)	출판	교토시
1615	하야시칸법의점(林勘法衣店)	법의	교토시
1615	다키모상점(タキモ商店)	수산식품	나고야시
1615	히로세합금(ヒロセ合金)	금속재료	나고야시
1615	쿄구치야(京口屋)	주류	나고야시
1615	메이엔(名エン)	소금	나고야시
1615	마루에이(丸栄)	백화점	나고야시
1615	아카마츠제약(赤松製薬)	의약품	히로시마시
1615	아오키트랜스(アオキトランス)	해운	시즈오카현 기요미즈시
1616	유옥구조상점(油屋久助商店)	식료품	니가타현 나가오카시
1622	히야제약(樋屋製薬)	의약품	오사카시
1624	에이라쿠야(エイラクヤ)	양장	교토시
1624	쿠사노불구칠기점(草野仏具漆器店)	불교용품,칠기	후쿠오카현 후쿠오카시

1624	아미히코(阿み彦)	요리점	오사카시
1625	아오겐미소(青源味噌)	된장	이바라기현 우츠노미야시
1625	수이타무역(吹田貿易)	무역상사	교토시
1625	야겐보리상점(やげん堀中島商店)	향신료	도쿄시 다이토구
1625	오카와다다미점(小川畳店)	다다미	후쿠시마시
1625	후쿠미츠야(福光屋)	주조	이시카와현 가나자와시
1626	리큐엔(利休園)	녹차	교토시
1626	무라타지점(村田紙店)	종이	미에현 츠시
1629	마루이오복점(丸伊呉服店)	기모노	이바라기현 우츠노미야시
1630	기코만(キッコーマン)	간장,식료	치바현 노다시
1631	상신(常信)	부엌칼	교토시
1632	야노운동용품(ヤノ運動用品)	운동기구	오카야마시
1634	양구옥시청(両口屋是清)	화과자	나고야시
1635	오색소면(五色そうめん森川)	소면	에히메현 마츠야마시
1635	마루야마초자경점(丸山硝子鏡店)	건축공사	요코하마시
1635	무라야마본점(村山本店)	주류	니가타현 무라카미시
1636	후야헤이(麩屋平)	여관	오카야마시
1637	오쿠단총본포(総本家ゆどうふ奥丹)	두부	교토시
1637	월계관(月桂冠)	청주	교토시
1642	니자상점(尼子商店)	기계	히로시마시
1643	히등옥오복점(嘉登屋呉服店)	기모노	후쿠시마현 닛폰마츠시
1644	공등연물상점(工藤染物商店)	염색	아키타현 아키타시
1644	코마루야(小丸屋小道具店)	치장물품대여	교토시
1644	애완(愛玩)	인형	나고야시
1644	초구양점(初亀醸造)	주조	시즈오카현 오카베쵸
1644	기쿠타니(菊谷旅館)	여관	시즈오카현 미시마시
1645	핫소된장(八丁味噌)	된장	아이츠현 오카자키시

〈금강조 1500년 연표〉

578년	초대 금강중광이 백제에서 도일하여 금강조를 창업
593년	성덕태자의 명으로 사천왕사를 완성
593년	이후 금강조가 사천왕사의 보수 관리를 맡음
1576년	오다노부나가와 본원사 파의 전쟁으로 사천왕사 소실
1583년	오사카성의 대들보 공사를 금강조가 맡음
1614년	오사카성 겨울의 전쟁으로 사천왕사 소실
1868년	메이지 유신의 폐불훼석으로 사천왕사로부터 지원이 끊어짐
1934년	무로토 태풍으로 사천왕사 오중탑이 넘어짐
1945년	2차 세계대전 오사카 공습으로 사천왕사 불탐
1955년	금강조가 주식회사로 전환됨
2006년	다카마츠 건설회사에 인수되어 신금강조 사업부가 됨
2013년	39대 금강리융 사장 별세

백제인 금강조 일본 건축을 쓰다 천년경영

초판 1쇄 발행 2021년 3월 31일

지은이 홍하상
펴낸이 최영민
펴낸곳 헤르몬하우스
인쇄 미래피앤피
주소 경기도 파주시 신촌2로 24
전화 031-8071-0088
팩스 031-942-8688
전자우편 hermonh@naver.com
등록일자 2015년 3월 27일
등록번호 제406-2015-31호

ISBN 979-11-91188-26-4 (03910)

· 책 값은 뒤 표지에 있습니다.
· 헤르몬하우스는 피앤피북의 임프린트 출판사입니다.

▼ 금강조 본사를 방문한 기업인들